中学体育课堂有效互动理论与实证研究

林 杰 著

吉林出版集团股份有限公司

图书在版编目（CIP）数据

中学体育课堂有效互动理论与实证研究 / 林杰著 .
长春 : 吉林出版集团股份有限公司，2024.7. -- ISBN
978-7-5731-5412-5

Ⅰ . G633.962

中国国家版本馆 CIP 数据核字（2024）第 081646 号

中学体育课堂有效互动理论与实证研究

ZHONGXUE TIYU KETANG YOUXIAO HUDONG LILUN YU SHIZHENG YANJIU

著　者	林 杰
责任编辑	张继玲
封面设计	牧野春晖
开　本	710mm×1000mm1/16
字　数	203 千
印　张	11.75
版　次	2025 年 1 月第 1 版
印　次	2025 年 1 月第 1 次印刷

出版发行	吉林出版集团股份有限公司
电　话	总编办：010-63109269
	发行部：010-63109269
印　刷	三河市悦鑫印务有限公司

ISBN 978-7-5731-5412-5　　　　　　　　定价：79.00 元

前言 PREFACE

在现代社会，教育不仅承载着知识的传递，更担负着塑造个体、促进社会发展的重任。体育教育作为其中的重要组成部分，不仅关乎青少年的身体健康，更与他们的心理健康、社会适应能力以及终身发展息息相关。随着教育理念的不断更新，有效互动教学逐渐成为中学体育课堂改革的核心，其对于激发学生学习兴趣、提升教学质量、促进学生全面发展具有不可替代的作用。

本书旨在深入探讨中学体育课堂教学中有效互动的理论与实践，以期为中学体育教育提供新的视角和方法。通过系统的理论阐述与实证研究，不仅揭示了有效互动在中学体育教学中的重要性，更提出了一系列切实可行的策略和方法。

在经济全球化和信息化的今天，体育教育的社会效益日益凸显。健康的体魄是个人参与社会竞争的基础，而体育教育正是塑造健康体魄的重要途径。此外，体育教育还能培养学生的团队协作精神和竞争意识，这些都是现代社会所倡导的价值观念。从经济角度来看，体育教育的投入也能够带来长远的社会效益。

本书的写作，正是基于对体育教育重要性的深刻认识。全书共分为四章，内容涵盖了中学体育教学的各个方面，从青少年生长发育规律到体育课程资源的开发利用，再到有效互动教学的实施与评价，为中学体育教师提供了全面而系统的指导。第一章至第三章，我们重点探讨了中学体育教学的基础理论和有效互动教学的实践要求。第四章则聚焦于有效互动评价体系的构建，第五章，我们进一步讨论了游戏教学的互动实践。

在本书的写作过程中，我们力求做到理论与实践相结合，以期为中学体育教育的改革与发展提供有益的参考。然而，我们也深知，任何研究都不可能一蹴而就，本书的研究成果也难免存在局限性。我们真诚地希望广大教育工作者和读者朋友，能够提出宝贵的意见和建议，帮助我们不断改进和完善。我们相信，通过大家的共同努力，我国的中学体育教育一定能够迎来更加美好的明天。

本书由林杰负责撰写，李哲成对整理本书书稿亦有贡献。

最后，作者要感谢所有关心和支持本书出版的领导、专家和朋友们，没有他们的帮助和支持，本书的出版是不可能的。尽管我们力求做到最好，但书中的不足之处在所难免，敬请读者朋友们批评指正。

谨以此书，献给所有致力于中学体育教育改革与发展的同仁，以及所有关心和支持体育教育事业的朋友们。

林　杰

2024 年 2 月

目录 CONTENTS

第一章

中学体育教学概述

第一节　青少年生长规律与特点

一、青少年生长发育的基本规律

（一）生长发育的波浪性与阶段性

人体的生长发育不是直线上升的过程，而是时快时慢交替进行的。在生长发育的整个过程中，既有一定的连续性，又表现出一定的阶段性。每一个阶段既有自己的特点，又与它前后的阶段紧密联系。

儿童和青少年的生长发育过程大体可分为两个阶段，每个阶段都形成一个高峰。

第一个生长发育高峰在出生后的第一年和第二年。这一时期，无论身高还是体重，都高速增长。第一年身高增长 20～25 厘米，为出生时身高的一半，体重增长 6～7 公斤，为出生时体重的 2 倍。第二年身高增长 10 厘米，体重增长 2.5～3.5 公斤，增长速度也是比较快的。此后，增长速度急剧下降。第二个生长发育高峰为 11～13 岁（男子 12～14 岁、女子 10～12 岁为青春发育突增期，女子 11 岁、男子 13 岁是突增期中增长速度最快的一年）。男子 13 岁这一年身高增长约 6.5 厘米，体重增长约 5.5 公斤，女子 11 岁这一年身高增长约 5.9 厘米，体重增长约 4.4 公斤。此后增长速度又开始减慢。就两个阶段生长发育的速度而言，第一阶段远远超过了第二阶段。

青少年各器官系统的生理机能发育及身体素质和运动能力的提高，也表现出明显的波浪性和阶段性。如神经系统的发育，在出生后头十年中特别迅速。6岁时青少年脑的发育已达到成人的90%的水平，淋巴系统的发育在头十年表现出特殊的速度，12岁时青少年的淋巴系统几乎已达到成人的200%的水平。这主要是由于儿童机体对疾病的抵抗力弱，需要强有力的淋巴系统进行保护。在第二个十年期间，随着其他器官系统逐渐发育成熟和对疾病抵抗力的增强，淋巴系统发育逐渐减退，而运动系统、呼吸系统、循环系统等的发育速度则比头十年显著加快。生长发育的第二次突增期开始时，男子12岁，女子10岁，身体素质和运动能力分别达到成人的77.2%和90.8%。第二次突增期结束时，男子15岁、女子12岁，身体素质和运动能力分别达到成人的90.6%和94.6%。这说明第二次突增期是提高身体素质和运动能力最关键的时期，在这一时期不失时机地加强体育锻炼是十分必要的。

认识和了解生长发育的波浪性和阶段性，可使我们在组织体育教学和业余训练时减少盲目性，能针对处于不同生长发育阶段的学生提出不同的锻炼要求。

（二）生长发育的不均衡性

由于青少年的身体形态、机能和素质的提高是不均衡的，因此，在生长发育的过程中，它们都表现出各自固有的生长发育程序。

1. 身体形态的生长发育程序

在整个生长发育过程中，人体各部位的生长是同时进行的，但有早、晚、快、慢之分，因此，各部位生长结束的时间也有早有晚，这就构成了一定的生长发育程序。

生长发育的第一个突增期，胎儿从有一个特大的头颅、较长的躯干和短小的肢体的形态发育成具有比较匀称比例的幼儿，表现了头尾发育规律。在第二个突增期，下肢首先迅速发育，其次是躯干有所发育，而头部发育不明显。到成人时，头的长度只占全身的1/8，躯干较短，两腿较长。在整个生长发育过程中（约需20年），头的长度长了1倍，躯干长了2倍，上肢长了3倍，下肢长了4倍。这一结果表明：7岁以后的青少年，遵循着从肢体远端到近端的"向心"生长发育规律，即表现为"足—小腿—下肢—手—上肢—躯干"的生长发育程序。

另外，在生长发育过程中，由于骨骼发育快于肌肉的发育，所以表现为人体各部发育的长度指标（身高、上下肢长、手长、足长等）领先于围、宽度指标（大小腿围、胸围、臂围等）。从身高和体重发育的先后来看，身高的增长先于体重的增长。若从生长发育的相对速度来看，第一阶段人体全部长度指标增长速度比围、宽度指标增长快；而第二阶段，则相反。以身高和体重为例，10岁以前男子身高增长值占成人的79.2%，体重占47.3%，女子身高增长值占成人的85.1%，体重占53.6%。而10岁以后男子身高增长值占成人的20.8%，体重则占52.7%；女子身高增长值占成人的14.9%，体重占46.4%。

2．各器官系统机能的发育程序

人体各器官系统机能的发育，虽然是统一协调地进行着，但发育的速度是不均衡的，也有早、晚和快、慢之分，同样表现了一定的发育程序。最先发育的是神经系统，其次是淋巴系统，然后是运动系统、呼吸系统、心血管系统，泌尿系统、消化系统，最后是生殖系统。就各器官系统本身而言，在整个生长发育过程中，发育的速度也是不均衡的。神经系统和淋巴系统前十年发育特别迅速，后十年则逐渐减慢，甚至减退（淋巴系统）。全身其他系统和前十年发育速度较缓慢，而后十年则发育特别迅速。

3．身体素质自然发展的顺序

人的身体素质的自然发展由于受身体形态、机能发育的影响和制约，其增长速度也有快有慢，过渡到稳定阶段，出现高峰的时间有早有晚。

在不受训练因素影响的自然发展情况下，速度、灵巧、柔韧等素质发展较早，其次是力量和一般耐力，发展最晚的是速度耐力与力量耐力。进入到稳定阶段和出现发展高峰的时间最早的也是速度、灵巧和柔韧素质，其次是力量和耐力。各种身体素质发展的不均衡，是与人体形态、机能的发育密切相关的。速度素质和灵巧协调素质的发展在很大程度上取决于神经系统的灵活性和反应速度，而在儿童、少年时期，特别是儿童时期，神经系统发育较早，因此，在这一时期，速度素质和灵巧协调素质提高较快，进入稳定阶段也较早，力量素质的优劣主要取决于肌纤维的粗细和肌肉横断面的大小。从身体形态发育的程序来看，人体各部长度指标的增长领先于围、宽度指标的增长，且较早地进入稳定阶段。

在生长发育的第二突增期（即青春前期），由于四肢长骨的迅速发育，身高及人体各部长度指标增长较快，因此此时肌纤维细而长，肌肉横断面积小，肌肉力量较差。当身高及人体各部长度指标的增长速度减慢下来之后，人体各部围、宽度指标的增长速度才开始加快。经过一个时期的生长，肌纤维逐渐变粗，肌肉横断面积加大，肌肉力量增加，但仍需要一个较长的过程才能进入稳定阶段。这是力量素质发展较晚、进入稳定阶段较晚的重要原因。速度耐力和力量耐力是以无氧代谢能力和力量的提高为基础的。由于儿童、少年正处在迅速的生长发育阶段，安静状态时氧化过程比成人旺盛，耗氧量多，但血红蛋白和肌红蛋白的含量比成人少，心肺功能较弱，无氧代谢供能能力较差，负氧债能力较小，所以速度耐力的提高受到一定限制，加之力量的增长较慢，故速度耐力和力量耐力的发展较晚。

了解青少年生长发育的不平衡性及身体形态、机能和素质发展的程序是十分必要的，能使我们在体育教学和业余训练中，根据青少年不同年龄段的发育特点，合理地选择和安排练习的内容、方法和手段。

（三）生长发育的统一性

人的身体形态、生理机能和心理的发育，以及身体素质的提高，是在机体发育由量变到质变的统一发展过程中进行的。一定的形态结构表现为一定的生理机能，身体素质又是身体形态和生理机能在运动能力上的具体反映。在人体生长发育的过程中，伴随各器官系统生理机能的变化，以及身体素质的提高，必然产生一定的心理过程和个性特征。身体素质的发展与形态、机能发育的统一，体现了人体结构与机能的统一。这表现在以下两个方面：

1．不同阶段身体素质的自然发展速度与形态、机能的发育速度密切相关

形态、机能发育较快的阶段，身体素质也发展得较快；形态、机能发育速度开始减慢时，身体素质也进入缓慢发展阶段；形态、机能发育基本停止或稳定之后，各项身体素质的发展也先后进入稳定阶段。在生长发育的第二个突增期，各项身体素质的自然发展也非常迅速；尤其是女子，在突增期结束时（即12岁前后），各项身体素质的自然发展已接近或达到成人 18～25 岁的水平。突增期之后（男子 15 岁后，女子 13 岁后），随着形态、机能发育速度的减慢，身体素质的自然发展也进入了缓慢发展的阶段。形态、机能发育基本结束时（约在 22 岁），各项身体素质的发展也进入了稳定阶段。

2．同一发育阶段身体素质的自然发展与身体形态发育的内在联系

若以生长发育的第二个突增期结束时（14 岁）为界，对前后两个阶段主要形态指标（身高、体重、胸围）和各项素质指标的阶段增长量的百分比进行比较，我们就会发现：在前一阶段，由于体重、胸围等围、宽度指标的增长量相对地比身高的增长量小，因而在这一时期，上、下肢力量的发展落后于速度和灵巧等素质的发展；而在后一阶段，由于体重、胸围等围、宽度指标的增长量相对地比身高增长量要大，因而上、下肢力量的发展快于速度和灵巧等素质的发展。在两个阶段中，体重、胸围与力量素质，身高与速度、灵巧素质的增长量均十分接近，反映了同一发展阶段身体形态与身体素质的内在联系。

掌握青少年身体形态和机能发育与身体素质发展的统一规律，了解其相互之间的内在联系，可以使我们在体育教学和业余训练中，根据不同年龄学生的

特点提出不同的要求。

二、青少年生长发育的特点

（一）生长发育的年龄特点

青少年在生长发育过程中，无论是身体形态、生理机能、心理的发育，还是身体素质的自然发展，都随年龄的增长而不断变化。每一个阶段的发育程度和发育水平，都具有明显的年龄特点。

1. 身体形态发育的年龄特点

身体形态是指体格、体型和身体姿势等。身体形态的发育水平与运动能力的关系十分密切。

随着年龄的增长，青少年的体型也在不断地发生变化。生长发育的第二突增期结束时，由于上、下肢先发育，躯干增长相对较慢，使坐高、肩宽、骨盆宽相对身高的比例变小，显示出肩窄、骨盆窄、躯干短、下肢长的瘦长体型。进入青春发育期，直至发育基本成熟时，各种围、宽度指标迅速增长（男女不同，围、宽度指标的增长有所不同），形成了男子上体宽粗、骨盆窄、下肢较细，而女子上体窄细、骨盆宽、下肢短粗的不同体型。

2. 身体机能发育的年龄特点

人体共有八大系统，即骨骼肌肉系统（又称运动系统）、呼吸系统、消化系统、泌尿系统、循环系统（心血管系统）、神经系统、内分泌系统、生殖系统。这里仅就与运动关系最密切的神经系统、骨骼肌肉系统、呼吸系统和循环系统机能发育的年龄特点加以分析。

（1）神经系统。神经系统是生命活动的主要调节系统。在神经系统的统一调节下，机体各器官系统进行着不同的生理活动，并保证机体各器官系统的统一与合作。所以，它在各器官系统中处于支配地位，起着主导作用。

　　青少年神经系统的机能发育，主要表现在脑的重量增加和大脑皮质神经过程的不断改善。6岁时，青少年的脑重量约为成人的90%，在此之前发育特别迅速，之后脑重量增长相对减慢，而大脑皮质神经过程的改善显著加快，如细胞体积增大，神经通路增多，大脑额叶迅速生长，抑制过程和分析综合能力逐渐加强。儿童阶段，神经过程的兴奋与抑制不均衡，兴奋占优势，易扩散，使得儿童的动作不协调，注意力不易集中。条件反射建立得快，消退得也快。儿童的年龄越小，抑制过程越不完善。13～14岁时，大脑抑制过程得到发展，分析综合能力提高，能较快地建立各种阴性条件反射，但由于分化能力不是很强，小肌肉群发育较差，青少年掌握复杂的技术动作仍较困难。14～16岁时，青少年神经系统的灵活性、分化能力提高，女子由于发育比男子提早两年，分化能力的提高就更明显。在这一阶段，第一信号系统的活动占主导地位，主要靠直观形象建立条件反射。到16～18岁时，第二信号系统得到发展，青少年抽象思维的能力不断提高，而且两个信号系统活动的相互关系更加完善，其分析综合能力显著提高。处在生长发育阶段的青少年与成人相比，神经细胞工作能力较低，神经过程强度小，容易产生疲劳，但由于神经细胞物质代谢旺盛，疲劳消失得也快。进入性发育阶段后，由于性腺活动加强，内分泌发生变化，使神经系统的稳定性受到影响。因此，在一个时期内，肌肉活动的协调能力可能出现暂时下降，尤以女性少年表现更明显。

　　（2）骨骼肌肉系统。骨骼肌肉系统又称运动系统。随着年龄的增长，骨骼和肌肉的成分、长度、横断面积等均发生变化。青春发育前期（即突增期），人体各部长度迅速增长，这时骨骼发育主要表现在长骨的迅速生长。在这一时期，软骨组织较多，骨组织内水分和有机物较多，无机盐较少，骨松质较多，骨密质较少，因此骨的硬度小、韧性大，不易骨折，关节面软骨组织相对较厚，关节囊韧带薄而松弛，伸长性较好，活动范围较大，柔韧性较好，但坚固性较差，易变形。此时期肌肉的增长主要表现在长度的增加，肌纤维细长，横断面积小，肌肉水分较多，蛋白质和无机盐较少，肌肉力量和耐力较差，易疲劳。进入青春发育中、后期（即性发育阶段），人体各部围、宽度指标比长度指标增长迅速，骨组织中无机盐增多，水分和有机物减少，骨密质增多，逐渐骨化，骨变粗、变硬，逐渐可承受较大的压力。肌肉水分减少，蛋白质、无机盐增加，肌肉纤维增粗，横断面积增大，力量增加。这时，不仅大肌肉群发育更加迅速，小肌肉群也得到相应发展。所以，肌肉活动的协调能力增强。

（3）呼吸系统。儿童、少年由于胸廓狭小，呼吸肌的力量较弱，呼吸表浅，呼吸频率快。随年龄的增长，呼吸频率逐渐减小，呼吸深度加大，表现在呼吸差（即深吸气与深呼气时胸围之差）随年龄增长而发生明显变化。根据沈阳体育学院的调查资料可知：7岁时男子呼吸差平均为5.51厘米，女子为5.61厘米；12岁时男子平均为6.78厘米，女子为7.07厘米（因其发育较男子提早二年，故呼吸差大于男子）；17岁时，男子为8.49厘米，女子为7.97厘米。

儿童、少年由于胸腔小、肺容积小，肺活量也小。肺活量随年龄增长逐渐增加，青春发育前期增加尤其明显。据1979年对全国十六个省市青少年的调查，男子7岁时肺活量平均为1344毫升，18～25岁时肺活量平均为4124毫升，十一年共增加2780毫升，在青春发育前期（12～14岁），三年就增加了1054毫升。女子7岁时肺活量平均为1223毫升，18～25岁肺活量平均为2871毫升，在青春发育前期（10～12岁）共增加了581毫升。

此外，儿童、少年呼吸调节机能较差，最大吸氧量也比成人低，运动时负氧债的能力不如成人。

（4）循环系统。儿童、少年的心脏发育不如骨骼、肌肉快，同成人相比心缩力较弱，心率较快，但其血管壁弹性好，对心脏射血有较大的缓冲作用。大血管和毛细血管口径相对较大，血液外周阻力小，收缩压低。心脏每搏输出量和每分输出量比成人低，因此运动时主要靠增加心率来增大心输出量。随着年龄增长，心缩力量逐渐增强，心率逐渐减慢。

从 7 ～ 25 岁的人安静时脉搏频率和动脉血压的变化看，各年龄组间均存在显著差异。脉搏频率随年龄增长而逐渐减小，18、19 岁时趋于稳定。男子 7 岁时脉搏频率平均为 87 次 / 分，18 ～ 25 岁时平均为 75 次 / 分；女子 7 岁时平均为 88 次 / 分，18 ～ 25 岁时平均为 78 次 / 分。脉搏频率基本上按每年减少 1 次 / 分的速度变化。收缩压随年龄的增长而增加，男子自 13 岁起增加迅速，16 岁后增加速度减慢，18、19 岁时趋于稳定，女子增加比较均匀，16 ～ 17 岁时出现下降趋势，18、19 岁后趋于稳定。舒张压也随年龄增长而增加，但变化较小，男子 18、19 岁，女子 15 岁以后趋于稳定。

3．心理发育的年龄特点

在青少年的生长发育过程中，伴随身体形态、生理机能发育以及身体素质的提高，心理过程（认识、情感、意志）和个性特征（兴趣、能力、气质、性格）也随着年龄的变化而不断发生变化。儿童时期（7 ～ 12 岁），由于第一信号系统活动占主导地位，所以儿童的思维多直观、形象，他们的模仿能力较强，参加体育活动往往从兴趣出发。大脑皮质兴奋过程占优势，易扩散，故儿童活泼好动，但注意力不集中，加之受各种能力的限制，在各种活动中表现出意志力较差、情绪不稳定的特点。少年时期（13 ～ 17 岁），随着各器官系统机能逐渐发育完善，尤其是大脑皮质细胞结构与机能迅速地发育变化，智力发育产生了一个飞跃。此时期第二信号系统活动加强，开始由直观、形象的思维过渡到抽象的思维。少年的感觉、知觉非常敏锐，记忆力很强，注意力较稳定，而且注意的范围也接近成人水平，意志力进一步提高，兴趣比较广泛；对于事物开始由表面的、现象的认识逐渐形成本质的、内在联系的认识，从形式逻辑思维向辩证思维发展。16 ～ 18 岁时，两个信号系统活动更加协调和完善，青少年的理解和分析、综合能力加强，思维活动敏捷，容易接受新事物，但思考问题时，容易犯头脑简单、思维片面的错误。这一时期，青少年开始形成独立的个性，自尊心、自信心、好胜心强，往往会对自己的能力估计过高。

（二）生长发育的性别特点

生长发育的性别差异，在青春发育期以前，并不十分明显，进入性发育阶段，在 13 岁以后，男女之间的差异越来越明显。一般女子青春发育开始及成熟的时间要比男子提前 2～3 年（形态发育的突增，女子比男子早 2 年；身体各器官系统的全面发育，男子比女子要晚 2 年左右）。从各发育指标的年增长值和年增长率曲线看，在青春发育期，男子波峰比女子高（发育速度快），波幅比女子宽。因此，可以认为，生长发育的性别差异，主要是在青春发育期形成的。

青春发育期，是由儿童到成年的过渡阶段，它是发育过程中一个特殊的阶段。青春发育期人们在身体形态、生理机能、心理、智力、身体素质等方面都会发生突变，所以这一时期是人一生中生长发育的关键时期。在这个时期营养状况是否良好，体育锻炼是否得当，所受的教育是否充分，对人一生都会产生重大影响。因此，在体育教学和业余训练中，注意儿童、少年生长发育的性别差异，针对不同特点，选用不同手段，提出不同要求，是十分重要的。

（三）生长发育的城乡、地区差异

我国地域辽阔、幅员广大，各地经济、文化发展情况以及自然环境、生活水平都有所不同，城乡居民的营养状况、生活水平、文化教育，当地体育卫生设施建设情况等存在较大差别。因此，各地区之间、城乡之间青少年儿童的生长发育水平存在较大差异。

根据城乡和地区的不同特点，不断改善农村青少年的营养和卫生条件，改善体育设施，并在体育教学和训练中贯彻既全面发展又有所侧重的原则，对于不断增强青少年的体质，提高其健康水平，是具有重要意义的。

（四）生长发育的个体差异

就群体而言，青少年发育在生长过程中具有明显的年龄、性别特点和地区、城乡差异。但由于遗传、营养、环境、体育锻炼等因素的影响，即使在同性别、同年龄的青少年中，生长发育的水平也存在较大的个体差异，如发育早晚不同，体质和健康状况不同等。因此，在体育教学和锻炼中，必须贯彻个别对待、因人制宜的原则。

三、体育教学与训练的生理学要求

（一）体育教学与训练必须适合青少年的年龄特点

（1）青少年正处在迅速地生长发育的阶段，身体形态、各器官系统机能尚未发育成熟。因此，体育教学与训练的运动量不宜过大，以不超过他们身体的负担能力为宜。针对其神经系统发育特点，在体育教学和训练中应多采用形式多样、游戏性较强、经常变换的内容、方法和手段。练习时间不宜过长，尤其不宜做大强度的长时间练习；练习密度可适当加强，但应注意练习之间要有适当的间歇。

（2）青少年不宜进行憋气和长时间的耐力练习，因为这种练习易使他们很快疲劳，心脏负担过重，以至影响生长发育或造成损伤。发展力量的练习应以动力性练习为主，可多采用负荷较轻的快速练习、弹跳性练习或克服自身体重的力量练习，以提高神经系统对肌肉运动单位的动员能力，改善肌肉活动的协调性。

（3）必须贯彻全面锻炼的原则，使速度、力量、耐力、灵巧和协调等身体素质得到全面发展，上下肢、大小肌肉群都得到全面锻炼。应避免局部负担过重的练习，以保证身体的全面发展和正常的生长发育。

（4）青少年的骨骼易弯曲变形，在体育锻炼时，应特别注意培养他们正确的站立、走、跑姿势。缺乏正确的身体姿势，不仅会影响骨骼发育，而且会影响内脏器官的正常发育。练习中要注意避免因过多的单侧支撑和单臂练习而造成肢体发育不均衡，跳跃落地动作不正确而影响骨盆的正常发育，长时间负重和站立而引起扁平足等。

（5）练习时，使用的运动器械必须符合青少年的年龄特点，不要使用成人的器械。

（二）体育教学与训练必须适合青少年的性别特点

男、女青少年在整个发育过程中都存在着差别，青春发育期尤其显著。女子承受运动负荷的能力远不如男子，此外，由于第二性征的发育，女子心理上发生明显的变化。在运动能力方面，男女之间的差别更为显著。如果在体育教学和训练时忽视了这些差别，势必影响锻炼的效果，甚至影响他们的健康成长。针对女子青春发育期的特点，在体育教学和训练中应注意以下几方面的卫生要求：

（1）经常进行有关生理卫生知识的教育，使女性青少年认识到月经来潮和性征发育是正常的生理现象，消除思想顾虑，克服心理上的障碍。同时，采取积极有效的措施，运用多样化的教学方法和手段，选择多种形式的练习内容，广泛培养她们的兴趣。要讲明体育锻炼对塑造健壮的体格、健美的体型和增强体质的重要意义，从体育美学的教育入手，提高她们参加体育活动的积极性和自觉性。

（2）在体育课和课外体育锻炼中，男女应分班或分组进行。女生锻炼的内容、方法，以及运动量、强度和密度都应与男生有所区别。

（3）除重视全面发展外，应特别注意发展她们的腰腹肌力量，因为进入青春发育的中后期时，女子皮下脂肪迅速增加，如不加强锻炼，则腰腹肌力量将会明显下降，这不仅会影响运动能力的提高、肌肉收缩力量、收缩速度和动作灵活性，还会给心血管系统增加负担。

（4）进行跳跃练习时，应特别注意动作的正确。不宜做过多会加大腹压的大强度跳跃练习，以免影响骨盆的正常发育，或造成畸形。

（5）进行教学和训练时，女子使用的器械规格（如体操器械的高矮等）和重量（如投掷器械的重量等），应与男子使用的器械的规格和重量有所区别。

（6）月经期间，可根据她们的体质和健康状况，以及月经来潮的反应，适当安排一些轻微活动，且运动时间不宜过长。一般不宜游泳和进行冷水浴，以免因月经时子宫口开放、内膜出血，使病菌侵入而引起内生殖器感染，或因寒冷刺激而引起月经失调。如果出现月经紊乱或痛经等情况时，应暂时停止体育运动。

有一定训练基础的女子运动员在月经期间，可根据训练水平和月经规律的变化，适当地安排练习内容和运动量。

在学校中，应普遍建立月经卡片，以便掌握情况，随时调整练习内容和运动量。

（三）体育教学与训练必须考虑健康差异

在组织学生进行体育教学与训练时，除考虑青少年的年龄特点和性别特点外，还应注意他们不同的健康状况。对于体弱有病或处于病后恢复时期的学生，应根据其健康状况、病情和体力等，适当加以区别对待。在锻炼的内容、时间和运动量安排上，应因人而异。这就需要校医、体育教师更好地配合，通过体检、观察、了解学生的病史，在掌握和了解其健康状况的基础上，进行必要的分组。

除此之外，还应对体育设备和器材进行定期检查、维修；重视安全教育；加强现场保护和医务监督；建立健全体检、体格测量和健康卡片制度。

第二节　运动技能形成规律

一、技术动作形成的生理学本质和过程

人出生以后所学习的一切动作都是条件反射。在体育教学过程中，学生所掌握的一切技术动作，从本质上说也都是条件反射。学习技术动作的过程也就是建立条件反射的过程。例如，学习挺身式跳远时，首先由教师讲解，紧接着进行示范，然后再由学生亲自练习。教师的讲解使学生大脑皮层的听觉中枢兴

奋；示范动作使学生大脑皮层的视觉中枢兴奋；学生自身练习时的肌肉活动，引起大脑皮层的运动中枢兴奋。在此过程中，教师的讲解和示范是条件刺激，学生练习时，肌肉产生的传入冲动是非条件刺激。经过多次讲解、示范和练习，条件刺激得到了非条件刺激的强化，于是，学生大脑皮层中的听觉中枢、视觉中枢和运动中枢之间便建立了暂时神经联系，学会了挺身式跳远的技术动作。由此可见，学习和掌握技术动作的过程乃是建立条件反射的过程。学习挺身式跳远是如此，其他任何技术动作也是如此。

尽管学习和掌握技术动作就是建立条件反射，但是，这种条件反射与一般条件反射相比仍有自身的特点，即掌握技术动作是建立复杂的、连锁的本体感受性的条件反射。所谓复杂的条件反射，是指在形成技术动作的过程中，参加活动的感觉器官很多，因而同时或相继引起许多中枢兴奋。在许多中枢之间建立起暂时神经联系，要经过一个很复杂的过程。所谓连锁的条件反射，是指技术动作由各种刺激按一定顺序先后出现，因而形成一连串相互联系的动作。仍以挺身式跳远为例，助跑、起跳、腾空、落地等一整套动作，都是由各感觉器官按严格的顺序不断将刺激传入大脑皮层而形成的条件反射。所谓本体感受性的条件反射，指的是技术动作的掌握，是以由肌肉运动产生的本体感觉为基础而形成的条件反射。没有肌肉活动产生的传入冲动，大脑皮层中的运动中枢就不能兴奋，教师的讲解和示范等条件刺激也就得不到强化，因而就不可能学会技术动作。所以学生掌握的任何一个技术动作都是自己练会的，而不是看会或想会的。

学习任何一个技术动作，生理上的变化大致会经历四个阶段，即泛化阶段、分化阶段、巩固阶段和自动化阶段。

（一）泛化阶段

大脑皮层神经细胞活动的基本规律是先扩散后集中。

在学习技术动作的初期，教师的讲解、示范和学生自己的练习，分别引起大脑皮层的听觉中枢、视觉中枢和运动中枢兴奋，这些兴奋同样处于扩散状态。所以，不仅与完成动作有关的中枢兴奋，而且与完成动作无关的中枢也会兴奋，结果导致该收缩的肌肉收缩，不该收缩的肌肉也收缩。另外，在有关的中枢内，产生兴奋的强度和持续的时间也很不准确，肌肉收缩的程度和保持收缩的时间就不可能恰到好处。

由于上述原因，学习任何一种技术动作的初期，学生的动作必然显得僵硬、不协调甚至十分笨拙。同时，由于不该收缩的肌肉收缩，又会产生不少多余动作，结果导致能量消耗过多，因而过早地出现疲劳。

根据上述特点，在体育教学中，教师除了讲解、示范之外，有条件的话，还应该结合模型、图片、电影和幻灯片等，帮助学生建立明确的动作概念。要善于抓住动作的关键环节进行教学，不要过多地强调动作细节；同时还要采用辅助练习，降低动作难度，适当给予帮助，使学生获得肌肉感觉。所有这些，对学生掌握技术动作都是非常重要的。

（二）分化阶段

经过反复的讲解、示范和自身练习，学生大脑皮层的兴奋和抑制过程逐渐趋于集中，各中枢之间的暂时神经联系逐渐形成。这样，与完成动作有关的中枢兴奋，与完成动作无关的中枢被抑制，从而使该收缩的肌肉收缩，不该收缩的肌肉放松。同时，兴奋和抑制过程在运动中枢内的转换也逐渐变得及时和准确，使参加工作的肌肉能比较好地配合。此时，学生的多余动作消失，错误动作得到纠正，能比较协调而连贯地完成技术动作。可以说，此时已初步形成了条件反射。但是，此时的条件反射并未巩固，一旦遇到新刺激，往往又会产生错误动作，甚至使整个动作失败。

分化阶段是建立准确而精细的条件反射的过程，教师必须注意抓住动作的细节进行教学，发现错误及时纠正，以免形成错误的技术动作。

（三）巩固阶段

经过反复练习，大脑皮层的兴奋和抑制过程进一步集中，各中枢之间的暂时神经联系更加巩固，技术动作达到了巩固的动力定型阶段；同时，大脑皮层的兴奋和抑制过程不论在时间上还是空间上都更加准确，因而使技术动作不仅准确、美观，而且还轻松自如，甚至某些环节还出现自动化现象（即不需要有意识的控制也能完成动作）。在巩固阶段，当环境发生改变时，技术动作不易受到破坏；同时，由于各器官和系统的协调配合，完成动作也比较省力。

但是，技术动作发展到巩固阶段也不是一劳永逸的。如果继续练习，可以精益求精，动作完成质量更高；如果不再练习，这种状态又会消退，越是技术复杂、难度大的动作，消退得越快。教师除了应该进一步抓好细节的教学，还要适当加大动作难度，经常组织各种形式的比赛，使学生的技能得到进一步巩固和完善。

（四）自动化阶段

随着技术动作的不断巩固和完善，神经联系暂时达到了非常牢固的程度。这时，可以在大脑皮层的神经细胞兴奋程度较低的情况下完成条件反射。由于神经细胞兴奋程度比较低，故可不向第二信号系统的中枢扩散，学生在完成技术动作时，不需要有意识的控制。在无意识控制下就可完成的技术动作，我们将它称为自动化动作。例如，人们在散步时谈话、读书、看报等，无须有意识地去思考应如何迈步、如何维持身体平衡。熟练的篮球运动员在比赛时的运球动作，往往也是自动化动作。达到自动化阶段，人完成技术动作一般轻松自如，并能给别人以美的享受。

上述四个阶段，是学习任何一个技术动作都必须经历的生理过程。但是，在体育教学过程中，这几个阶段不是截然分开的，而是逐渐过渡、相互衔接的。各阶段持续时间因人而异，其与学生的神经类型、身体素质、运动水平和主观努力等因素有关。因此，在体育教学实践中，教师应根据具体情况做具体的分析，不可生搬硬套。

二、加速掌握技术动作的生理要求

学生掌握技术动作的快慢，除了与自身的神经类型、身体素质、运动水平和主观努力有关，还与教师的教学方法有关系。体育教师能否根据学生掌握技术动作的特点，采用合乎要求的教学方法，乃是决定学生掌握技术动作快慢的重要条件。在体育教学实践中，不少体育教师创造了一些符合要求的好经验，现归纳如下。

（一）启发学生学习的自觉性，加快条件反射的建立

在建立条件反射的过程中，大脑皮层处于良好的兴奋状态是十分重要的条件。在这种条件下，大脑皮层各中枢之间的暂时神经联系最容易打通，条件反射建立得最快。如果大脑皮层兴奋过度，容易产生兴奋扩散，难以形成准确的条件反射。如果大脑皮层兴奋过低，暂时神经联系难以打通，因而条件反射建立得很慢。在体育教学中，教师一方面要注意做好思想工作，启发学生学习的自觉性；另一方面要利用风趣的语言、活泼的动作来提高其兴趣。只有这样，才能使学生保持高昂的学习热情和浓厚的学习兴趣。高昂的热情和浓厚的兴趣是大脑皮层处于良好兴奋状态的外在表现，在这种情况下进行教学，才能使学生既快又准地掌握技术动作。

（二）讲解清楚，示范美观，力求简化条件刺激

从建立条件反射的角度看，条件刺激越简单，越明确，条件反射越容易建立。在学习技术动作的过程中，教师的讲解和示范是条件刺激，只有用简明扼要的语言和优美的示范动作，才能让学生形成明确的动作概念。动作概念越明

确，条件刺激物越简单，条件反射建立得越快。相反，如果教师的语言啰嗦，逻辑混乱，重点不突出，要领不明确，就会让学生形成一个模糊的概念。模糊的概念必然使大脑皮层处于广泛的兴奋扩散状态，这对条件反射的建立很不利。为了使学生获得明确的动作概念，教师必须注意以下几点：

第一，在讲解动作的概念和要领时，要充分利用学生已经掌握的术语和技术动作。

第二，讲解的语言既要简单明确，又要生动活泼。

第三，示范动作不仅要正确，还要美观大方。

（三）精讲多练，加强肌肉的本体感觉

在建立条件反射的过程中，条件刺激如果离开了非条件刺激的强化，即使是最简单的条件反射也无法形成。在体育教学中，教师的讲解和示范是条件刺激，学生练习所产生的肌肉本体感觉是非条件刺激。离开了学生的亲自练习，哪怕教师讲解得再清楚明确，示范动作再正确美观，学生仍然不能掌握新的技术动作。可以说，在人的一生中，没有哪一个动作是别人讲会的，也没有哪一个动作是自己看会的。因此，在体育教学中，一定要贯彻精讲多练、以练为主的原则，在每一堂课中，教师一定要拿出更多的时间，让学生亲自练习，使之获得更多的肌肉本体感觉。

（四）想练结合，加速条件反射的建立

在练习的过程中，应该要求学生充分发挥第二信号系统的作用，把想和练结合起来。在每次练习之前，要求学生先想想动作的要领，练习之后再想想完成动作的情况。这样做有助于促进各中枢之间，特别是第一信号系统和第二信号系统之间暂时神经联系的拓通，对加速条件反射的建立具有积极作用。

（五）充分利用各感觉机能之间的相互作用，加强肌肉的本体感觉

学生掌握技术动作的过程，就是大脑皮层中各感觉中枢与运动中枢之间建立暂时神经联系的过程。在这个过程中，肌肉的本体感觉具有非常重要的意作用。没有肌肉的本体感觉，技术动作就不可能形成。但是，在学习任何一个技术动作的初期，肌肉的感觉总是不准确的。例如，要学生做两手侧平举动作时，往往不是高就是低；游泳时，两腿打水的动作不是大就是小。为了使肌肉能获得准确的本体感觉，可以充分利用其他感觉器官的帮助。

利用视觉机能可以加强肌肉的本体感觉，起到强化正确动作、消退错误动作的作用。例如，在学习舞蹈、体操、武术和举重项目中的某些动作时，可以对着镜子练习，以便纠正错误动作，强化正确动作；在跳远的起跳点设置明显的标记，可以确定准确的起跳时间。

利用听觉器官的机能可以加强肌肉的节律感。例如，在队列练习时播放进行曲；在艺术体操练习中用音乐伴奏，都是借助听觉器官的作用，使肌肉获得正确的节律感。

皮肤的触觉机能也可以加强肌肉的本体感觉。如初学游泳时，用一个限制圈套在腿上，就是利用皮肤的触觉机能来获得正确的肌肉感觉，从而帮助学生形成正确的动作。

总之，充分利用各感觉机能之间的相互作用，加强肌肉的本体感觉，是加速技术动作形成的重要手段。

（六）促进分化抑制的建立

在学习新的技术动作时，分化抑制是纠正错误动作、建立正确动作的重要过程。在分化阶段，教师应善于利用简明的语言来强化学生的正确动作，分化错误动作。如对正确动作用"对""好""很好"等来强化；对错误动作用"不对""不好"等来分化。

（七）消除学生的恐惧心理

学生在学习难度较大的动作时，特别是在器械上进行练习时，往往会怕摔伤，这对掌握技术动作十分不利。在学习动作的初期，教师可采用分解教学法，降低动作难度或器械高度，注意加强保护，适当给予帮助，可消除学生的恐惧心理。当然，这只是一种过渡措施，当学生对动作有了初步体验之后，应及时过渡到正式练习，以防止形成不良的动力定型。

在教学过程中，如果因某种原因，学生已经形成了恐惧心理，教师应及时找出原因，并有针对性地加强思想工作，帮助他们克服畏难情绪，鼓励他们认真总结经验，以利于进一步练习。同时，还要采取消除恐惧心理的措施，必要时可改换练习项目，待学生的恐惧心理消除后再进行原练习。

（八）充分利用运动条件反射之间的相互作用

在体育教学中，有许许多多的技术动作需要学生掌握。在这些技术动作中，有些动作对学习下一个动作会产生良好的影响，但有些动作恰恰相反。因此，教师必须合理地编排教学程序，充分利用技术动作之间的良好影响，也就是充分利用运动条件反射之间的相互作用，加速技术动作的掌握。

技术动作之间的良好影响，通常表现在前一个动作与后一个动作的基本结构相似，或前一个动作为后一个动作的组成部分。例如，先学会掷垒球动作，再学习投手榴弹动作就比较容易。因为掷垒球与投手榴弹的用力方式基本相似，学习掷垒球实际上成了投手榴弹的辅助练习。先学习原地肩上投篮动作，再学习原地跳起，投篮动作也比较容易，因为前一动作是后一动作的重要组成部分。先学习原地肩上投篮，实际上成为学习原地跳起肩上投篮的分解动作。从生理学角度来分析，学习前一个动作所建立的暂时神经联系，可作为学习后一个动作的基础。在此基础上，只要再建立一些辅助性的暂时神经联系，新的条件反射就形成了。

技术动作之间的不良影响，主要表现在次要环节相似，而主要环节相反的两个动作之间。例如，学会了单杠挂膝上以后，再学习单杠骑上动作就比较困难。因为两个动作的开始环节相似，而主要环节相反，前面学的挂膝上动作是屈膝用力，而后面学习的骑上动作则是直腿用力，这样很容易受屈膝用力的干扰。

技术动作之间的相互影响，是由于运动条件反射之间的相互作用，这一问题是比较复杂的，它是安排教学程序的重要依据。因此，在教学实践中应该合理地运用。

第三节　人体机能变化规律

一、赛前状态

赛前状态是指在教学、训练或比赛之前，人体产生的一系列反射性变化，如呼吸和脉搏频率加快、血压升高、肺通气量增加、出汗、尿频等。这些变化常在比赛前数天或数小时出现，在临近比赛时表现得更明显。

赛前状态产生的上述变化是在教学、训练或比赛过程中，大脑皮层通过两个信号系统相互作用而形成的条件反射。学者们认为，运动场地、器材、音乐及比赛对手等，都是条件刺激。在教学、训练或比赛之前，只要学生联想到或接触到这些刺激，就会反射性地引起与训练或比赛相似的反应。赛前状态反应的程度往往与学生的思想、情绪、训练水平、比赛经验等因素有关。

良好的赛前状态可以预先动员人体各器官、系统的机能，使其能更快地发挥出最大工作能力，以适应运动的需要。但不良的赛前状态对运动常有负面影响。例如，在教学、训练或比赛中兴奋过度时，学生常出现过度紧张、食欲不振、失眠、全身无力、咽喉发堵等异常现象。如果兴奋过低，则学生情绪低落，积极性差。赛前的这些不良反应都会不同程度地影响运动能力。因此，体育教师必须随时了解学生的思想活动，结合具体情况进行思想教育，以使学生处于最佳的赛前状态。

二、进入工作状态

不论进行劳动还是体育运动，人体的工作能力都不能在一开始马上达到最高水平，必须经过一段时间之后才能逐渐提高，运动开始后，人体机能能力逐渐提高的过程叫进入工作状态。

人的工作能力为什么不能一下子就达到最高水平呢？这是因为人体各器官、系统都有一定生理惰性，要克服这种惰性，就需要一定的时间。

人体产生生理惰性的原因十分复杂。一个原因是，人体的一切活动都是反射活动，这些反射活动都是中枢神经系统内各中枢协调配合的结果。然而，各中枢之间要达到协调配合，需要一定的时间，并且技术动作愈复杂，参加调节的中枢就愈多，达到协调配合所需要的时间就愈长。

人体内各组织器官惰性的强弱不同，内脏器官的惰性比运动器官强得多，这是产生生理惰性的另一个重要原因。肌肉受运动神经支配，其兴奋由大脑皮层发出后直接传到脊髓，再由脊髓传到所支配的肌肉。而内脏器官则受植物神经支配，其兴奋由大脑皮层发出后，需要经过较多的皮层下中枢，几经周折之后才能到达所支配的内脏器官。再加上植物神经系统传递兴奋的速度比运动神经慢（植物神经的传导速度为每秒 1.5 米～2 米，而运动神经的传导速度为每秒 120 米），因此，内脏器官具有更强的惰性。从事剧烈运动或比赛时，运动器官能较快地从安静状态过渡到激烈的运动状态，这时人体的能量消耗突然增加，对氧气和营养物质的需求量猛增，同时代谢产物也需要及时地排出体外。这就要求内脏器官，以及呼吸系统和血液循环系统加倍地工作才能满足需要。但是，内脏器官要达到最高工作效率需要 2～5 分钟的时间，这就使内脏器官与运动器官之间产生了供不应求的矛盾。正是由于这种矛盾的存在，人体在进行剧烈运动时，就不可能一下子发挥出最大的工作效率，只能随着内脏器官惰性的逐渐克服，而缓慢地提高。实验证明，在不做准备活动的情况下跑1500米长跑，肌肉在20～30秒钟之内就可以发挥出最高工作效率，而内脏器官的活动则需要1.5～2分钟才能满足肌肉活动的需要。

进入工作状态所需时间的长短，取决于工作的性质和个人的特点。一般来说，从事的活动越复杂，训练水平越低，进入工作状态所需要的时间越长。运动前做好充分准备活动，使大脑皮层处于良好的兴奋状态，能有效缩短进入工作状态的时间。因此，在体育教学训练或比赛之前，必须做好充分准备活动，以便提高工作效率。

三、稳定状态

进入工作状态之后，人体各器官、系统的机能便达到并维持在最高水平，这就是我们所说的稳定状态。

根据运动时间和强度的不同，可将稳定状态分为真稳定状态和假稳定状态。进行长时间、小强度的运动（如长跑或竞走）时，机体会出现真稳定状态。当机体出现这种状态时，呼吸和循环系统的活动能充分满足运动器官的需要，即每分钟的吸氧量能满足每分钟需氧量的要求。由于氧气供应充足，运动时的能量主要靠有氧氧化供给，因此血液的酸碱平衡可保持相对稳定。有了这种稳定的内环境，就可保证各组织细胞进行长时间协调的工作。由此可见，要使机体在真稳定状态下工作，关键在于发展心肺功能，提高最大摄氧能力。

进行短时间剧烈运动（如中距离跑步或游泳）时，机体会出现假稳定状态。研究证明，凡是强度较大的运动，在运动后3～5分钟即出现假稳定状态。假稳定状态出现之后，尽管各内脏器官的机能已经达到了生理极限，但它们的活动仍不能满足运动器官的需要，故欠下大量氧债。由于氧气供应不足，能量供应以糖酵解为主，因此肌肉和血液中乳酸大量囤积，破坏了内环境的稳定，使工作能力不能长期维持。尽管人在假稳定状态下进行工作非常吃力，也不能坚持很长时间，但可以更有效地发展各系统的工作能力。因此，在体育教学和训练中应合理安排真稳定状态和假稳定状态的锻炼。

四、疲劳

工作和运动到一定时间，人的工作能力就会出现暂时降低现象，这种现象即称为疲劳。疲劳是暂时的，经过休息之后，人的工作能力又可重新得到恢复，因此其是属于生理性的。

（一）疲劳产生的原因及分类

1. 能源衰竭学说

这种学说认为，疲劳是体内能源物质被耗尽所引起的。其最有力的证据是长时间运动后血糖下降，补充糖后，工作能力又有一定程度的提高。美国心理学家沃尔特·坎农等发现，给筋疲力尽的狗注射肾上腺素之后，狗又能继续跑起来。这是由于肾上腺素可促进肝糖原分解，提高了肌肉对糖的利用能力。

2. 乳酸堆积学说

将疲劳的离体肌肉放在碱性林格氏溶液中，其工作能力又有加强，故这种学说认为乳酸堆积可能与肌肉疲劳有关。目前的研究进一步证明，乳酸的堆积使肌肉和血液的 pH 值（酸碱度）下降，这样首先阻碍了神经肌肉接点的兴奋传递；其次影响了磷酸果糖酶和辅酶的活性，从而抑制了糖酵解和 ATP（三磷酸腺苷）的再合成；另外还使钙离子浓度下降，影响了肌凝蛋白和肌纤蛋白的相互作用，使肌肉的收缩与放松能力降低。

3. 保护性抑制学说

人不论进行体力劳动还是脑力劳动，均是在大脑皮层神经细胞支配下完成的。当大量神经冲动传至相应神经细胞时，消耗增加。为了避免进一步消耗，到一定程度时神经细胞便由兴奋变为抑制，这种抑制对大脑皮层的神经细胞具有保护作用，故称为保护性抑制。

关于疲劳产生的生理机制，还有很多问题尚待进一步研究。

疲劳一般可分为精神疲劳与身体疲劳，局部疲劳与整体疲劳，急性疲劳与慢性疲劳，生理性疲劳与病理性疲劳等不同类型。体育教学和运动训练过程中出现的疲劳，常伴有一定程度的精神疲劳。有时，课程内容安排不合理，身体局部负担过于集中，会导致局部疲劳，工作能力下降，但此时全身其他各器官还未出现真正的疲劳。如果在疲劳尚未得到恢复时又从事下一次训练，就可能使疲劳积累而成为慢性疲劳。体育教学和训练中出现的疲劳一般是生理性的，当疲劳连续积累就会发展成过度疲劳。过度疲劳属于病理性疲劳，是一种较严重的运动性疾病。

（二）判断疲劳的方法

运动中，准确判断学生的疲劳程度，对增强体质、提高运动成绩具有重要意义。判断学生的疲劳程度是一项细致的工作，必须认真对待。判断疲劳的方法很多，可归纳为下列两种：

1. 教学观察法

教师在体育教学或训练过程中，要注意观察学生的各种反应，如出现面色苍白、眼睛无神、表情淡漠、连续打呵欠、反应迟钝、精神不集中、运动成绩下降等，均可认为是出现了疲劳。

2. 生理机能测定法

疲劳时，人体各器官系统的机能都下降，下降的程度则与疲劳程度有关，因此，通过生理指标的测定，可以较客观地判断出现疲劳的程度。常用的生理机能测定法有以下几种：

（1）呼吸肌耐力测定。连续测定五次肺活量，各次间的间隔为 30 秒钟，然后将测得的结果进行比较，即可大体判断是否出现疲劳。如果五次肺活量的数值依次下降，或低于运动前水平，则认为是出现了疲劳。

（2）视觉闪光阈值测定。人体视觉对断续光源的感受能力有一定限度，当断续光源的频率增加到一定限度时，人的视觉会将断续光源视为连续的融合光。当视觉将断续光源视为融合光时，此断续光源的频率即为视觉闪光阈值。疲劳时人的视觉闪光阈值降低，如果视觉闪光阈值下降明显，则说明疲劳程度较深。视觉闪光阈值可通过视觉闪烁仪来测定。

（3）触觉空间阈值测定。用触觉计同时刺激人体某部位两点的皮肤，如果感觉是一点刺激，则逐渐增加两点之间的距离，直到刚能分辨是两点刺激时，此距离即为该部位触觉空间阈值。疲劳时触觉空间阈值越大，疲劳程度越深，阈值增加越明显。故用触觉空间阈值可大体判断疲劳的程度。

（4）膝跳反射阈值测定。叩击股四头肌肌腱时，刚能引起膝跳反射的叩击力量叫膝跳反射阈值。当疲劳时，膝跳反射阈值增加。

如果有条件还可以采用心电图或肌电图进行测定。疲劳时，心电图 S-T 段向下偏移，电波可倒置；肌电图的频率降低，而幅度升高。

（三）提高抗疲劳能力的方法

在体育课和训练课中，提高学生抗疲劳的能力，推迟疲劳过程的发生，对增强体质、掌握运动技能均有重要意义。因此，设法提高人体抗疲劳的能力，是运动生理学所要解决的重要问题之一。据现有资料证明，下列方法有助于提高机体的抗疲劳能力：

1. 加强体育锻炼

经常进行体育锻炼，提高各器官系统的机能是推迟疲劳过早发生、提高抗疲劳能力的最积极手段。努力发展各器官系统的机能，是提高抗疲劳能力的根本措施。

2. 保持饱满的情绪

人的情绪活动与各器官的工作能力有密切关系。生理学研究证明，交感神经具有营养机能，情绪饱满时能使交感神经的营养机能加强，从而能改善各器官的物质代谢水平，提高人体的工作能力，推迟疲劳的发生。生物学家曾对处于不同情绪状态下的同一批运动员，进行了血乳酸和血糖的测定，结果发现，情绪高涨时，血糖及血乳酸均处于较高水平。因此，在体育教学和训练课中，教师要善于用风趣的语言、活泼多样的教学方法，调动学生的积极性，使其始终保持饱满的锻炼热情。

3. 合理安排课的内容和教法

合理安排课的内容和教法是指上下、左右肢体的活动内容要交替进行，各种教学方法要穿插使用，这种安排法本身可使学生得到积极性休息，对提高学生的运动能力，推迟疲劳的过早发生具有重要作用。

运动时，大脑皮层不是所有神经细胞都参与工作，只是与运动有关的神经细胞工作，而与运动无关的神经细胞则处于休息状态。例如，进行上肢运动时，大脑皮层中支配上肢肌肉活动的神经细胞处于高度兴奋状态，而支配下肢活动的神经细胞则处于抑制状态；相反，从事下肢活动时，支配下肢运动的神经细胞处于兴奋状态，而支配上肢活动的神经细胞则处于抑制状态。教学和训练课中，适当调整上、下、左、右肢体的活动内容，经常变换练习方法，不仅能使神经细胞得到轮换休息，通过负诱导作用，还可更好地休息，从而起到提高运动能力、迟疲劳发生的作用。我们曾进行过这样的试验：让学生用右手持哑铃，以每分钟 80 次的频率举至筋疲力尽，然后令受试者静止休息 8 分钟，再用右手以同样的频率举哑铃至筋疲力尽，结果举的次数减少了 20%；此时令受试者用左手举哑铃8分钟（间断性），然后再用右手举哑铃至筋疲力尽，结果右手举起的次数比第一次举起的次数提高了22%。由此可见，适当调整不同部位的活动内容，对促进疲劳后的恢复，提高运动能力是有益处的。

4．适当增加营养

运动中人体要消耗大量能量，这些能量需要从食物中摄取。少年儿童正处于生长发育的旺盛时期，他们所摄取的营养物质不仅要满足运动的需要，而且还要保证生长发育的需要。因此，适当增加营养，对提高运动能力、保证生长发育均具有重要意义。

五、恢复过程

运动结束之后，人体的各种机能仍处于较高水平，必须经过一段时间才能逐渐恢复到运动前的状态。运动生理学将这一段时间人体机能的变化叫做恢复过程。

应该说明的是，人体机能并不是在运动结束之后才开始恢复的，在运动过程中，随着能量物质的分解，恢复过程也就开始了。只是由于消耗过程大于恢复过程，能量物质不能完全复原，只有在运动后，恢复过程超过消耗过程时，人体才能逐渐得到恢复。

（一）恢复过程的阶段性

消耗与恢复过程大致可分为三个阶段：

1．消耗阶段

运动时，尽管消耗和恢复过程都在进行，但由于消耗过程占优势，所以机体储存的能源物质减少，工作能力下降。

2．恢复阶段

运动停止后，机体的消耗过程减弱，而恢复过程占优势，这时能源物质和机体工作能力都逐渐恢复到原有水平。

3．超量恢复阶段

在动物实验中发现，动物在运动时，体内的能源物质被大量消耗；在运动后的恢复过程，被消耗的物质不仅可以恢复到运动前的水平，而且在一般情况下还可以超过原有水平。这种现象，生理学家称之为超量恢复。超量恢复的程度和持续时间与运动量的大小及强度有密切关系。一般规律是，运动量和强度越大，消耗的越多，超量恢复越明显。但是，运动量和强度过大，因消耗过多，恢复过程也随之延长。人体也存在着超量恢复规律。在一定生理范围内，运动量和强度越大，超量恢复的幅度越大，能源物质的贮备量越多，因而运动能力的提高也就越明显。可见，超量恢复规律是进行体育教学和运动训练的重要理论依据。

（二）促进疲劳消除的措施

提高抗疲劳能力，对提高运动能力，推迟疲劳的发生，无疑具有重要作用。但是，疲劳总是难免的。那么，疲劳发生之后应如何促进其尽早消除呢？促进疲劳消除的措施主要有以下几种：

1．充分做好整理活动

整理活动是指运动后所做的放松练习。运动后充分做好整理活动对促进疲劳的消除有良好效果。

整理活动的基本环节是解除肌肉的痉挛。肌肉在收缩之后能在一定程度上保持缩短状态；在伸展之后又在一定程度上保持伸展状态。肌肉这种保持原有形态的特性叫可塑性。肌肉具有可塑性，所以运动后常处于静力性收缩状态，在剧烈运动之后，这种收缩状态更明显，通常我们称其为肌肉痉挛。肌肉痉挛之后，经过牵拉，尤其是用持续性慢牵拉的方法，可使痉挛解除。

2．增加营养

增加营养是提高机体工作能力，延缓疲劳的重要手段，也是促进疲劳消除的必要措施。运动时人体消耗的各种能源物质需要靠食物中的营养物质来补充，适当增加营养有助于恢复过程的进行。实验证明，运动后适当增加营养，不仅能使体内的能源物质恢复到运动前的水平，还可在一段时间内超过原有水平。有人曾进行过实验，让一些运动员进行两个小时的运动，然后将他们分成三组，第一组给高糖饮食，第二组给脂肪和蛋白饮食，第三组饥饿 2.5 小时。实验结果表明，高糖饮食组运动员的肌糖原在运动后 5 小时出现了超量恢复，而其他组恢复的幅度很小。

3．按摩

按摩是一种良好的物理刺激。运动后进行局部或全身按摩可使肌肉中的毛细血管扩张，血液循环加快，组织的营养供应得到改善，乳酸的排除加快，对加速疲劳的消除具有较好的效果。

4．其他

运动后洗热水澡，保证充足的睡眠时间等，都能加速疲劳的消除，促进恢复过程的发展。

第二章

有效互动教学的基础理论

第一节 互动教学的概念

一、互动教学的定义

对于互动教学的定义，教育界各执一词。要想在头脑中建构互动教学的定义，需要清楚地知道互动教学的来源，这就需要从"互动"的定义进行阐述。

（一）互动的定义

"互动"一词最早出现在社会学领域中，它表示在社会中人与人相互交往的活动过程。例如，人与人之间在工作环境中进行的互动，有交易、谈判、会议、上课等，人与人在社交环境中进行的互动，有宴会、舞会、郊游等。"互动"的概念为：一个由自我互动、人际互动和社会互动三个阶段组成的过程，其实质是主体与客体之间的往返活动，是主体与客体之间的沟通。此定义说出了互动的类型和本质，阐明了互动是主客体之间交往的过程，但没有涉及交往的具体内容。

互动是指人与人之间的心理交互作用或行为的相互影响，是一个人引起另一个人的行为发生变化或改变其价值观的过程。从这个定义中我们可以得知，互动不仅指行为上的互动，还包括心理上的交互作用和相互影响。例如，在课堂互动教学过程中，师生除了在语言上、形体动作上互动，在知识的迁移、彼此的思维和情感态度方面也会进行互动，从而促进学生知识体系的合理建构，促进批判性思维和认知技能的发展。教师同样可以清晰地了解学生的思维发展情况，并能促进自己专业能力的发展。

"互动"也是心理学领域的一个重要概念。互动即相互作用，是指人与人、个人与群体、群体与群体之间的交互作用；在互动过程中，一个人的反应成为另一个人的刺激，还涉及一种自我调节的持续反应。互动的双方既可以是一个人与另一个人，也可以是一个人与一群人，还可以是一群人与另一群人。在家庭中，母亲与孩子之间的互动能增进母子亲情；在部队里，军官与士兵之间的互动会提升整个军队的士气；在科学研究领域，科学研究团队之间也会多次进行互动，如分享最新的研究成果、预测未来的研究方向等。

互动有广义和狭义之分。广义的互动是指一切物质的相互作用与影响。狭义的互动是指在一定的社会背景与具体情况下，人与人之间发生的各种形式、各种性质、各种程度的相互作用和影响。一般情况下，我们所说的"互动"都是指狭义的互动，即人与人之间通过某种媒介进行的互动。这种媒介具有多样性，既可以是言语、行为举止，还可以是面部表情、活动、游戏等。

关于"互动"的理论，最著名的是美国社会学家乔治·赫伯特·米德（George Herbert Mead）提出的"符号互动论"，其主要观点是"人所处的社会是一个互动的群体，其间有符号、形象、意义充当双向沟通、交流的桥梁"。[①]意思是说，在社会中，人与人之间会通过一些有意义的符号进行双向交流互动，并影响彼此。后来，一些学者将"符号互动论"引申到教学领域中，假设课堂是一个微型的社会，在课堂教学情境内，所有个体（包括教师和学生）都是具有互动意识和能力的，他们通过语言、手势、眼神、活动、游戏等符号联系彼此。对"互动"概念的界定，如果基于狭义概念和符号互动论，其定义为：在一定的情境下，人与人之间通过语言、文字、表情、游戏、举止行为、信息媒

---

① （美）米德. 心灵、自我与社会 [M]. 赵月瑟，译. 上海：上海译文出版社，2018.

介等包含一定意义的符号进行双向交流和相互影响，对彼此的行为和心理产生一定的刺激。但在课堂教学过程中，如果只有人与人之间的互动，那么教学效果是受限的。在人与人互动的基础上，还要进行人与物的互动。只有发挥了人与物的相互作用和影响，才能取得良好的教学效果。

（二）师生互动

在以讲授法为主的传统教学中，经常出现这样的情形：教师讲，学生听；教师问，学生答；教师写，学生抄；教师给，学生收。

运用讲授法教学，教师可以在有限的时间内完成教学任务，学生可以在很短的时间内掌握解题的方法，获得正确答案。但是，很明显的是，教师的一些解题思路和方法在一定程度上禁锢了学生的思维，容易使学生丧失自我能动性。在互动教学过程中，师生通过讨论、探究、辩论，虽然耗费了很多时间，还可能走了一些弯路。但是，在辩论中，学生处于教学活动的主体地位，呈现出自己独特的思维，表达出自己真实的想法与认识。一方面，基于自己的认识以及与其他学生互动达成的共识，学生能够对问题进行深层次剖析，能够创新出独特的解题思路。有研究表明，学生之间的互动能够促进每个成员进行更自由、更充分的交流，极大地影响学生的学习动机和学习态度，并能够提升学生创造性地解决问题的能力。另一方面，在互动过程中，教师能够发现学生的错误认识和错误思维方法，并能够帮助学生意识到自己的思路偏移，促使学生自己转变错误思维，更正认知结构。可见，互动教学有助于促进学生思维的发展。

通过互动，师生交流、讨论，学生亲身经历、感悟、感受，学生不仅形成了概念，而且能够将概念运用于实际，运用于新的情境。师生互动无非是在"互动"之前加上了互动的主体——教师和学生。因此，师生互动是指在师生之间发生的各种形式、性质和各种程度的相互作用与影响。

互动教学应该渗透在教学活动中，要能够激发学生的学习动机，特别是内在的学习动机，要能够促进学生积极主动地学习和思考。这就需要教师认真思考，根据学情创设互动教学环节，对学生的行为和心理产生应有的影响。

（三）课堂互动

课堂互动是在课堂这个特殊环境里的各个主体之间的互动，也就是在课堂中所发生的教师与学生的互动，学生与学生的互动。课堂是学校教育教学活动的基本组织形式，所以做好课堂互动就显得尤为重要。教师要能够在有限的时间内，围绕教学重点和难点展开教学，尊重学生的主体地位，充分激发学生的学习兴趣，使学生在愉悦的体验中获取知识，训练和提升能力，发展情感态度与价值观，从而提升核心素养。教师在保证课堂教学秩序的同时，要能够清晰地获取学生的反馈信息，进一步有针对性地让学生产生积极的刺激，使整个教学过程得到可持续地、优良地发展。因此，教学活动的质量和效果是教师的教和学生的学之间相互作用、相互影响的结果。

除了课堂内的互动，也有课堂外的互动。例如，实践活动课程更需要师生互动、生生互动。实践活动课程涉及跨学科的知识、综合化的能力、多样化的材料用具，这就使连接师生、生生的媒介具有多样性。

基于对"互动""师生互动""课堂互动"定义的理解，互动教学概念框架也就明晰了。"互动教学"是一种教学模式，该模式以启发学生思维为起点，以教师和学生为双主体，注重"以学生为中心"进行教学设计，突出师生之间的互动和生生之间的互动，从而使学生掌握基本理论和基本技能，养成自主探究、相互协作的意识，提高查阅信息、处理信息和解决问题的能力，树立基于科学依据的价值观念。通过这种教学模式，教师可不断地受到启发，进而调整教学活动，提高课堂教学效果，提升自身的专业能力。

二、互动教学的内涵

概念的内涵是概念所反映事物的特有属性。概念的内涵不能直接看到，而是内在的、隐藏在所反映的事物深处的东西，需要探索、挖掘才可以理解。所以，对互动教学的内涵进行解读，有利于增进广大教师对互动教学这一概念的理解。

（一）互动教学是师生双主体之间发生的一种人际互动

在互动教学过程中，教师和学生都是互动的主体，互动教学是双主体之间发生的一种人际互动。这与"以教师为主导，以学生为主体"的教育思想并不矛盾。在互动教学过程中，教师仍然起着主导的作用，只是教师在主导的基础上，要以学生为中心，突出学生的主体地位。例如，教师知道问题的答案，但要给予时间让学生尝试探寻。当学生在互动过程中遇到困难时，教师不要急于提供帮助，只有在学生克服不了时再提供帮助。当学生在互动过程中出现失误时，也不要事先树立是与非、对与错的绝对权威，只要这种错误不会伤害学生，让其经历和感受错误，也是一种重要的学习。

在互动教学过程中，教师和学生应该共同参与进来，形成以教师为"主导＋主体"，以学生为主体的教学结构，使学生成为教学活动的中心，允许学生在课堂上拥有一定的自由。同时，教师和学生两个主体之间发生多向、多维的知识传递，思想意志及行为的影响，信息、情感的交流，使课堂充满生机。

教师经过反思，转变了教学模式，注重学生的主体地位，将教学活动围绕着学生来开展，并以游戏的形式提高学生的学习积极性，学生具有了一定的自由，感知、思维、动机、注意、兴趣等心理活动同时参与，学生在愉悦的氛围中学习，课堂教学氛围融洽，有利于学生身心健康发展。

（二）互动教学是学生主动建构的过程

"以教师为主导"绝不意味着教师可以随意控制学生的思想与行为。建构主义认为，学习是一个积极主动建构的过程，每个学习者都以自己原有的经验系统为基础对新的信息进行编码，建构自己的理解，而且，原有的知识又因为新经验的进入而发生调整和变化。学生的思维是多样化的，处在主导地位的教师不能抹杀学生的想象力，应该创造条件保持学生的创新意识，想象力比知识更重要，知识是有限的，想象力却可以囊括世界。

在知识、能力、情感态度与价值观的教育教学中，教师最擅长知识的教学。然而，教师在课堂上进行的科学概念的教学，尽管运用了多种教育教学策略，创设了情境，完整、恰当地阐释了概念的内涵、外延，并列举了概念的正例、特例和反例，但是班里能够形成教师所讲的科学概念的学生仍然是少数，持相异概念（错误概念、迷思概念）者仍然占相当大的比例，相异概念对学生正确地理解科学规律往往起着严重的干扰作用。教师在知识的教学上也难以控制学生的建构过程和建构结果，相比于知识，对能力、情感态度与价值观的教育会更难。因此，教师在互动教学过程中不要试图控制学生。但是，这并不意味着不关注学生、对学生撒手不管，而应该采取科学的互动教学策略。

在互动教学过程中，教师应该放下架子，放平心态，仔细倾听学生的观点，巧妙地组织学生进行思维碰撞，鼓励学生发散思维，甚至鼓励学生进行独特的错误思考，进而引导学生通过"试误"真正建立概念框架和思维体系。

（三）互动教学要引发学生深层次思维

在实际教学过程中，教师不能为了互动而互动，不能一味地追求形式教学，不能机械地、生搬硬套地进行互动教学。一方面，有些教师的"互动教学"只是表面形式的教学，看似在交流，但是这样的交流没有影响到学生的认知结构，没有触及学生的情感世界，没有改变学生的行为。例如，一些教师在课堂上，或点名要求某个学生阅读题干，或要求学生回答"是不是"等问题，或所提问题的答案就是教科书上的原句。苏联教育家赞可夫认为"教学法一旦触及学生的情绪和意志领域，触及学生的精神需要，就能发挥其高度有效的作用"①。所以，互动教学的各个环节都要重视思维互动，要能够刺激学生的认知，影响学生的行为，感染学生的情感，引发学生深层次的思维。

另一方面，互动教学并不是要求教师在整个教学过程中始终应用互动模式。在细枝末节的知识点上，教师不应该花费过多时间，消耗物力、财力组织学生进行互动，这样不仅浪费师生的时间、精力，学生还会产生误解，认为这些细枝末节的知识点就是教学的重难点，反而忽略了对核心概念的学习和理解。

（四）互动教学是依赖多种媒介的互动

语言仅仅是互动教学的必要手段之一，是串联整个互动教学过程的"主线条"，但绝不是全部，否则互动教学就会变成师生之间的问与答。很多教师误认为互动教学中全部都是教师提问、学生回答，这些连续的一问一答组成了互动教学的所有结构。其实除了语言，互动还有交流、交际、交换、竞争、冲突、对立等多种形式。身体特征、手势、眼神、身体接触等都是互动所需要的教学手段。因为存在共性，所以我们的身体器官可以将一些难以理解的概念形象地表现出来。面部表情可以淋漓尽致地表达出人的情感，并且能够有效地向外界传达某种信息。眼睛是心灵的窗户，在互动过程中，眼神接触具有建立关系、控制交谈、表达情感以及减少注意力分散的功能。教师在教学过程中经常会运用到手势，手势既可以单独表达意义，也可以通过与谈话有关的手部运动来表示强调、说明和补充。

互动教学不能仅依赖语言，准确地说，不要完全依赖口头语言、书面语言和肢体语言进行互动。只借助语言的互动，仍然是狭义的互动。单一的、长期的语言互动，会造成学生的"审美疲劳"。有效的互动教学需要多样化的媒介，借助物质资料来进行互动。除了人与人之间的互动，还要开展人与物的互动，即广义的互动。对于概念的学习，并不是教师讲清楚了内涵、外延、例证，学生就理解

---

① 列·符·赞科夫. 教学与发展 [M]. 邱静娟，译. 武汉：长江文艺出版社，2017.

了，有时需要学生在互动过程中学习，这种学习概念定义的方法叫操作定义——用一种科学实验的方法，对事物进行定义，这种定义包括了人们的实践活动。

（五）互动教学是以知识为基础的认知性互动

各个领域都存在着一些基础的、必须认知的事实、概念、原理和规律等知识，以及知识之间的逻辑关系，这些是学习其他内容的根基。正如拉尔夫·泰勒（Ralph Taylor）所言，我们需要那些可以作为基础的知识。在此基础上，能够拓宽和深化教学计划中主要的课程要素。[①] 所以，通过师生之间的课堂互动，实现学生从不知到知、从"知之不多"到"知之较多"的转变。

建构主义强调，学生的学习是通过在认知结构上进行有意义的建构而实现的。所以，教师在设计互动教学时，应该通过互动活动帮助学生建构对某个核心知识的认识，在学生的头脑中形成清晰的图式。

（六）互动教学是一种行为上的互动

一方面，教师不仅要向学生传授知识，还要培养学生如何做人、做事，帮助学生成为有理想、有信念、有担当、有奉献、有魄力和有实际行动力的人。教师是学生学习的榜样，在互动教学过程中教师的很多言行会深深感染学生，正所谓言传身教，身教重于言传。行为举止处处体现一个人的品质和德行，教师必须言行一致，表里如一，身体力行，率先垂范。例如，在互动过程中，教师要更多地关爱、照顾"特殊学生"（如身体残疾、状态低迷、不善于交际的学生），帮助他们在活动中获取知识、习得能力，这样能够影响到其他学生产生关爱他人的意识，生成照顾他人的行为举止。另一方面，互动教学常常要依靠学生的行为来完成，学生通过一系列的行为来构建自己对概念的认识。

---

① （美）泰勒（Tyler, R.W.）. 课程与教学的基本原理 [M]. 罗康，张阅，译. 北京：中国轻工业出版社，2014.

（七）互动教学是一种情感上的互动

教育是根植于爱的，教育的两个主体奠定了教育活动开展的基础。教师和学生都是活生生的人，人与人的真诚交往、有效互动最核心的纽带是师生之间的情感。教师不应该是无情无义的工作机器，其使命不仅是传递知识，还要有情有义地与受教育者一同共赴知识的海洋，同舟共济地去探寻精神生命的发展。所以，在互动教学的过程中，教师要有"人情味儿"，要尊重学生、宽容学生、赞美学生，鼓励学生畅所欲言，使双方的信息和情感得到充分交流。情感是内心的要求和行动的出发点及最终的落脚点，向学生袒露心声，让学生意识到你想和他做朋友，学生才会真正向你打开内心世界。师生的情感是培养学生对教学内容产生兴趣的关键。只有情感得以渲染，互动教学才会开展得顺利、有效果。正如皮格马利翁效应显示的那样，学生能感受到教师对他们的期望，并且学生渴望得到教师的认可。所以，教师在互动过程中一定要平等地对待学生，真诚地鼓励学生、赞美学生。

（八）互动教学是一种价值上的互动

价值互动就是通过师生之间思想和心灵上的碰撞，使学生达到思想上的成长、观念上的提高、精神上的升华。教育的终极目标是培养学生的核心素养，使学生更好地健康发展、幸福生活，更成功地融入社会，在激烈的竞争中不被时代所淘汰。课堂教学是学生树立健康的、科学的价值观的主渠道，教师的人格、品德、气质直接影响学生价值观的形成。在互动教学中，教师除了向学生传授知识和技能，更多地是向学生传递正能量，在学生价值观形成过程中彰显更多的真、善、美。例如，教师在"性别决定"互动教学过程中应该有意识地向学生渗透"男女平等""珍爱生命"等价值观，并使学生能够形成基于科学思维对"非法医疗导致性别比例不均衡"现象的价值判断意识。同样，教师在互动过程中除了讲解知识，还要将教学目标升华到引导学生树立正确的价值观上。

三、互动教学的结构

教学系统是教师及其教授行为、学生及其学习行为、教学内容及媒体、教学组织及环境等多要素构成的一个复杂系统。系统中各个要素都在发挥作用，并且是相互影响和相互制约的。互动教学作为经典的教学模式之一，其完整的结构必然包括教师和学生双主体、师生互动所需的介质、课堂教学的环境以及互动后的教学结果。

（一）互动教学的主体

教学活动包括教的行为和学的行为，两者顺利地衔接才会促进教学活动的开展。正如约翰·杜威（John Dewey）所说，就像没有买主就没有销售一样，除非有人学习，不然就没有教学。[①]互动的本质涉及两个或两个以上的主体，教师不能唱"独角戏"。互动教学能够有效地开展，关键因素在于教师和学生之间言语上的交流、行为上的互动、情感上的相互感染。研究表明，教师的教育观念、知识结构、教学监控能力、非言语行为、性别等因素以及学生的同伴压力、小组合作学习意识等因素对互动教学具有重要的影响。

教师首先应该更新观念，重视学生的学习主体意识，为学生营造一种平等、开放、宽松、民主、活跃的课堂气氛，设计有效的互动，帮助学生在自我认知建构的过程中理清新知识与旧知识之间的联系，明确思维发展的方向。

其次，教师除了夯实学科专业知识，还应该学习一些教育学、心理学方面的理论知识，运用科学的工具来剖析学生的内心世界，了解学情，并能够科学合理地设计什么时候使用互动教学，在哪些环节进行师生互动，在哪些环节开

---

① （美）杜威（Dewey, J.）．我们怎样思维 [M]．周艳，译．北京：外语教学与研究出版社，2015.

展生生互动。

最后，教师应该提升自己的教学监控能力，组织学生互动，并维持课堂秩序。学生从互动过程中真正可以学到知识、提高能力，而不仅仅是"玩"。学生应该树立主体意识，勇敢地与教师互动，说出自己的观点，表明自己的态度。另外，学生在互动过程中应该开阔思路，尝试运用各种方法，制订有效、可行、新颖、独特的方案来解决问题。

（二）互动教学的媒介

人与人之间互动的媒介除了语言，还有多种多样的形式。例如，教师运用"袋装食盐"帮助学生认识重量单位，通过玩骰子教授加法运算，运用两种颜色的乒乓球进行"性别决定"，这些教学设计中所用的袋装食盐、骰子和乒乓球都是教学媒介。教师要开拓思路，运用不同形式的物质媒介，提高教学效率。另外，使用与思维过程对应的可视化工具或物质，可以更有效地促进学生开展思维活动。

（三）互动教学的过程

关于互动教学的设计，除考虑主体和媒介以外，还应该重视互动的过程。为了使互动过程顺利，学生能够获得知识和能力，并在情感态度与价值观上有一定的发展和提高，教师应该围绕主题，结合学情，恰当地选择互动的形式，精心地预设互动活动的过程，包括互动什么时候开始，什么时候结束，持续多长时间，在互动过程中教师应该怎样组织教学，如何分组，如何引导学生获取真知等。

教学过程是一项系统工程，以师生交往互动为视角，应该把教学过程划分为"教"的系统和"学"的系统。其中，"教"的系统需要"教学设计系统、师生互动系统和总结反思系统"三个子系统的支撑。"学"的系统则由学生自能系统、师生互动系统和学生自为系统三个子系统支持。由此可见，"教"的系统与"学"的系统共有"师生互动系统"，师生在"师生互动系统"内发生互动，形成一种相互促进、相互制约的关系。教师主要是启发、指导、帮助学生强化训练，学生主要是顺应、探究和训练巩固建构。所以，在互动教学过程中，教师应该注重启发教学，引导学生养成主动思考、独立解决问题的习惯，并组织好活动的开展，帮助学生建构知识体系。

教师应该对互动过程中学生提出的问题进行预设，从而自如地解决学生的疑惑。若在互动过程中学生提出的问题超出了教师的预设范围，甚至认知范围，教师应该能够坦诚地说明情况，并采取补救措施，如带领学生去图书馆查阅资料等。

（四）互动教学的结果

《礼记·学记》中说"学然后知不足，教然后知困。知不足，然后能自反也；知困，然后能自强也。故曰：教学相长也。"互动教学对教师和学生双方的认知、能力、情感体验、价值观等方面具有直接或间接、显在与潜在的影响。在互动教学过程中，教师使用的教学案例应该更多地列举生活中的典型事例，让学生获得丰富的感性认识，促使其进行思维加工，形成科学概念。这意味着互动教学不仅要促进学生获取知识，更要引导学生进行思维的迁移和发散，引导学生去探究、去实践、去发现真理，而不是向学生直接奉送真理。

教学相长是教师专业发展的中心环节。互动教学不仅有利于学生的成长和发展，而且对教师的教学观念、教学行为、教学能力同样具有重要影响。

首先，设计互动教学的过程，会引导着教师的教学理念不断地更新，摒弃以往说教式教学理念，转而巧妙地设计互动环节引导学生自行去发现真理。

其次，互动教学有利于教师根据学生的互动反馈信息，发现新问题，反思教学目标、教学方法、教学策略以及整个教学过程，从而不断地提升自身的教学专业能力，找出适合自己的互动教学模式。

在互动教学过程中学生的一些行为是教师意想不到的，能够给教师留下深刻的印象，并能丰富教师的认知，有助于教师改进、完善教学设计，提升教师的专业素养。

第二节 互动教学的类型

互动教学的类型，实际上是互动教学的模式，其本质是互动教学模式的类型。教学模式反映特定教学理论逻辑轮廓，是为实现某种教学任务的相对稳定而具体的教学活动结构。互动教学的类型很多，依据不同的维度，可以将互动教学分为不同的类型。不同类型的互动教学，具有不同的价值取向和功能。明确互动教学的类型，因地制宜设计有针对性的互动教学，能够扬长避短，提高教育教学质量，发展学生核心素养。

一、基于教学行为的互动类型

对互动教学进行分类，最重要的依据就是教师和学生的教学行为，即"在教学过程中，为了达到一定的教学目的，教师和学生所采取的行为"。不同的教学目的，会导致不同的教学行为。即便是相同的教学目的，因为不同的行为属性，也会形成不同的互动类型。

（一）社会体系的观点

塔尔科特·帕森斯（Talcott Parsons）是美国社会学家。他认为，社会系统是行动者互动的系统，行动者之间的关系是社会系统的基本结构。英国学者艾雪黎依据塔尔科特·帕森斯的社会体系观点，按照互动教学中的主体地位的不同，将互动教学分为教师中心式、学生中心式和知识中心式。

1. 教师中心式的互动

在以教师为中心的互动教学中，教师处在主导地位，学生处在服从地位。在教学活动中，教师是中心，学生的思维要紧跟教师，学生的活动要配合教师。教师是课程的代表，主宰教学的进程，强调学生按照教师的预设按部就班地进行学习。在教师中心式互动教学中，师生之间的关系倾向于"主动—被动"关系、"命令—服从"关系、"积极—消极"关系、"给予—接受"关系。教师中心式的互动难以激发学生学习的主动性、积极性，因此我们不主张教师中心式的互动教学。

总体而言，这种互动类型下的课堂是以教师为中心的。在教学的过程中，教师是"主角"，学生是"配角"。我们不主张、不赞同这种以教师为中心的教学互动。

2. 学生中心式的互动

以学生为中心的互动教学，就是要尊重学生的主体地位，以学生为本，充分发挥学生的学习积极性、主动性，最大限度地提高所有学生的科学文化素养。我国教育以培养"全面发展的人"为核心，学生中心式的互动教学尊重学生的主体地位，关注学生的学习过程，学生处在教学活动的中心。为了建构学生中心式的互动教学，教师的主导性要隐含起来，教师在形式上，完全是活动的主体——虽然知道问题的答案、正确的方法，但是要让学生在互动过程中体验、经历和感悟，包括经历非伤害性的错误（这是一种极其重要的学习）。教师的教学服从于、服务于学生的学——教师要做好咨询者、辅导者、学习动机激发者。学生中心式的互动教学，实际上是双主体。教师和学生是平等的，但是教师是平等中的首席，教师仍然起着主导作用，这与"以教师为主导，以学生为主体"并不相悖。

在"学生中心式"的互动过程中，教师仍然起着主导的作用，但其尊重学生的主体地位，以学生为中心。教师在活动中亦是活动的主体，他（她）是情境的创设者、辅导者、学习动机的激发者、实验材料的准备者。例如，基于"太空实验"的情境，教师提出了几个问题，引导学生进行发散式思维和立体思考，激发学生动手实践的兴趣。如果让学生完全自主实践，那么可能会出现不少错误，可能会走很多弯路，因此学生需要观摩。教师事先让 4 个同学实践、探索、制作完成微课，在课堂上展示给大家。这里运用了教学相长的原理，发挥了学生的引领示范作用。在演示实验的基础上，教师为大家准备好了实验的器材，让学生分组实验，能更有效地激发学生的学习兴趣和发挥学生的主动性、创造性，教师以学生为中心，特别注重学生的学习过程，尊重学生的主体地位。

3．知识中心式的互动

知识中心式的互动教学强调系统知识的重要性，将科学文化知识置于中心地位，以建构知识为主要目的。知识中心式的互动教学具有鲜明的应试教育色彩。应试教育与素养教育的区别不在于"关注考试""研究考试"（素质教育也应该关注考试、研究考试，并且能够应对考试），它们的根本差别在于应试教育过于注重知识的记忆、逻辑和推理，只注重纸上谈兵，忽略了人的综合素——科学精神、人文底蕴、学习方法、健康生活、责任意识、具有担当、创新精神和创新能力。我们不主张知识中心式的互动，并不意味着在互动过程中不重视知识。相反，互动过程中的知识要素是必不可少的（互动教学首先是一种认知性互动），不开展知识中心式的互动的根本原因在于，知识中心式的互动过于强调知识，忽视了学生整体核心素养的发展和提高。

（二）根据教师的领导行为划分

教师的领导行为可分成三类：权威式、民主式和放任式。三种不同的领导行为方式导致教师与学生之间形成了三种不同的人际关系，与三种人际关系相对应的有三种互动教学类型，分别是教师命令式互动、师生协商式互动、师生互不干涉式互动。

1．教师命令式互动

教师常以命令、控制行为与学生的顺从、顺应行为进行互动，其互动类型实质为教师权威式。在这种互动形式下，学生能够迅速地完成学习任务，师生能够高效率地达到预期目标，但是学生可能表现出消极情感，并且在教师强压下出现内在学习动机持续下降，有时教师还会与具有侵犯性的学生发生冲突。师生之间的关系是控制与服从的关系。

2. 师生协商式互动

教师用较多的时间与学生进行沟通，鼓励学生发表个人意见，主动参与课堂互动，其互动类型实质上就是教师民主式。在这种互动类型中，学生个性情感发展良好，表现出自信、主动、积极、友好、合作等特点。但是在开放式教学情境下，会允许更多的备选资源进入学生意识，导致认知抑制能力较弱的学生学习成绩的提高不如教师命令式显著。师生之间的关系是民主协商关系。

3. 师生互不干涉式互动

教师根据事先的讲稿、教案进行教学，不对学生提出明确的学习目标和要求，不指导学生的学习，采取听之任之的态度，其互动形式实质即为放任式。在这种互动形式下，学生的学习成绩和个性情感两方面发展都不理想。师生之间的关系是相互疏远的关系。

首先我们不赞同教师命令式互动。培养全面发展的人，不能通过军事化的训练，不能通过命令而完成。先以知识教学为例说明，师在课堂上讲授科学概念，教师作为专业人员具有权威性，其所讲授的科学概念也应该是权威的。但是，学生科学概念的建构和形成并不是一蹴而就的，他们会形成多种多样的前科学概念，包括错误概念、相异理解、空壳概念（只掌握了术语，未理解概念的内涵）。面对学生的前科学概念，教师以命令的方式，难以使学生的前科学概念转变成科学概念。对知识教学，教师不能命令。对能力、责任、创新精神、学习方法等，亦是难以命令的。另外，师生互不干涉式互动，更是大错特错。如果是整体互不干涉，那么互动根本就没有发生。如果只与部分学生互动，那么对另一部分同学不闻不问，是不公平、不公正的表现。教师的教学要面向全体学生，要对学生实施公民教育，不能仅面对少数"精英"、少数"优等生"。不可否认，社会的进步、国家的繁荣富强需要精英，但更需要具有科学精神和人文底蕴的全体公民。

（三）根据师生的行为属性划分

课堂教学是一种特殊的"社会活动"，因此，教师和学生都要受制于课堂教学的社会规则，承担自己所担负的课堂责任（社会责任）。根据师生在课堂上的教学行为属性，可以将师生互动分为控制—服从型、控制—反控制型和相互磋商型。

1. 控制—服从型

师生之间行为的主要属性首先是"控制与服从"。在课堂教学过程中，教师的行为多种多样，但无论以谁为中心，即便是协商式的教学，其本质也是控制课堂。与之相对应的，学生的行为亦是千变万化，但社会规范性要求学生听话、服从。控制—服从型的师生互动，有利于教师在短时间内完成教学任务。其弊端在于教师忽视学生的主体地位，忽略了学生的意愿、意志、观点，学生在知识、能力和情意上的缺憾和不足容易被掩盖。控制—服从型的教学活动在本质上不是师生互动，或者说师生互动的表现不明显。

2. 控制—反控制型

在一般情况下，课堂教学中的师生关系是控制与服从的，但并不尽然，也会出现教师试图控制，学生并不服从的情形，此时的师生关系是"控制—不服从"。比之更进一步的是，有的学生表现出明显的个人意志，试图摆脱教师的控制，反其道而行之，这种教学互动属于控制—反控制型。当学生的反控制行为进一步升级时，就会发展成为教师与学生的相互对抗。控制—反控制型的教学活动的确发生了师生互动，但是教师与学生的双方互动方向并不一致，是相反的。这种教学活动对教师和学生双方来说都是一种内耗，师生的合力折损，没有有效地指向预定的教学目标。

控制—服从型和控制—反控制型的师生互动，虽然学生的反应不同，但是教学活动的本质相同，都是教师控制型的。教师控制型的互动教学是我们反对的。

3. 相互磋商型

教师在主导教学的进程中不控制学生，并不意味着对学生放任、随意教学，而要与学生磋商。相互磋商型的师生互动突出"双主体"——教师和学生都是互动的主体，并且没有忽视教师的主导作用，同时特别尊重学生的主体地位，强调教学中的"学"，从而突出教与学的互动，体现教学相长的原则。例如，在概念教学上，要尊重学生的认知方式，承认学生所建构的相异概念，分析相异概念的成因，采用有效的策略，转变学生的相异概念，进而发展成科学概念。相互磋商型的师生互动，正是所谓的晓之以理、动之以情、授之以渔、导之以行。

二、基于人际关系的互动类型

在课堂互动教学过程中，教师和学生的关系是多种多样的。从主体上来看，虽然教师和学生都是互动的主体，但是学生这个主体是不可或缺的。基于此，我们可以把互动笼统地分为师生互动和生生互动。师生互动是教师和学生之间通过讨论、问答、角色扮演、小组活动等的双向交流共享教学信息的教学形式。生生互动是学生与学生之间所进行的共享教学信息的教学形式。根据教师的领导行为、教师的行为对象、学生之间关系的不同，可以把师生互动和生生互动细分为不同的类型。

（一）根据教师的行为对象划分

在师生互动中，根据教师行为对象（即学生，尤其是学生数量）的不同，将师生互动分为师个互动、师班互动和师组互动。

1. 师个互动

师个互动是指教师的行为指向学生个体的师生互动。教师与学生个体的互动常表现为以下几方面：

（1）提问与应答。教师提问，学生回答，也包括学生提出自己的问题，请教师讲解。

（2）要求与反应。多是教师提出要求，学生做出反应。例如，教师要求学生用正确的方法转动显微镜的物镜。

（3）评价与反馈。教师对学生的知识、能力、责任意识、学习方法、生活方式等方面的状况进行评价，指出其优势和不足，并分析原因。例如，在"性别决定"的角色扮演中，"夫妻二人"模拟生同卵双胞胎："妻子排卵"——拿出了一个白色的乒乓球，"丈夫"拿出了"一个精子"（一个乒乓球）与"卵细胞"结合，教师对此予以评价："同卵双胞胎来源于一个受精卵，是一个卵细胞和一个精子结合而成的，并不是卵细胞和两个精子的结合。"

（4）个别辅导。针对个别学生不具有代表性的问题、困难、疑问，教师不面向全体讲解，而是对个别同学进行辅导。例如，一个学生错误地认为"银杏的'白果'是果实"，教师为他专门做了解释："银杏是裸子植物，所结的'白果'，虽然名字中有一个'果'字，但是并不是果实，而是种子。"

2. 师班互动

教师行为指向全班学生群体的师生互动。教师与全班学生之间的互动常见于课堂讲授、课堂提问、课堂评价等过程。例如，教师面向全体同学通过讲述故事、设置疑问，引发学生求知欲望，从而导入新课，就是师班互动。教师在讲台上为全体同学演示"变大的气球"实验——气球套在玻璃瓶口，将玻璃瓶放入冷水中，气球慢慢瘪了下去。然后，教师将玻璃瓶取出放在热水中，气球慢慢变大。通过演示实验，让学生思考：气球为什么瘪了？又为什么会自动变大？这也是师班互动。师班互动在课堂教学过程中的运用非常普遍，也非常传统。教师的授课常常是师班互动。教师应该努力使课堂讲授转变成师班互动。

例如，学生掌握"性状"的概念，需要用具体的事例做铺垫，也需要用科学事实来支撑。不依靠事实和具体例证的概念是"空中楼阁"。教师不仅通过讲解，而且要让全班同学真正动起来，相互观察能卷舌或不能卷舌、V字形或一字形发际、有或无耳垂、单或双眼皮、有或无酒窝，从而认识自己、了解同学。只有全班互动，人数多，才能体现出多种性状的相对性状。人数太少，会出现某种性状没有相对性状的例子。例如，在一个小组内，可能都没有酒窝。人数多，才会使有酒窝、无酒窝的例子都存在。在了解了自己和他人之后，教师又在全班比对与某一同学的5种性状都相同的同学，也是师班互动。在师班互动过程中，学生不仅是在建构"性状"的概念，也在运用"性状"的概念解决问题。

3．师组互动

师组互动是指教师行为指向学生小组的互动。教师与小组成员的互动常见于教师针对小组群体进行的讲解、辅导、评价等。面对全体学生的教学（师班互动）有存在的必要，但时间过多，对学生的个体差异的关注不够，有必要开展分组教学。在实施分组教学时，师生就要开展师组互动。不同的小组探究不同的问题，提出不同的假设，设计不同的实验，会遇到不同的疑问和困难，需要教师给予不同的帮助。教师面对不同的小组、不同的问题，采用不同的策略。

（二）根据学生之间的关系划分

互动并不总是教师与学生之间的互动，有很多时候教师并不参与其中，而是作为协助者、旁观者，让学生自己互动，即生生互动。学生可以用更多的时间与同伴讨论、独立思考，评判他人的观点，学习同伴的优秀思维方法。从学生与学生之间互动双方的数量、关系来看，可以将生生互动分为学生个体之间的互动、学生群体之间的互动、学生个体与学生群体之间的互动。

1．学生个体之间的互动

学生个体之间的互动即学生个体与学生个体之间发生的学习互动。学生个体之间的互动较之于师生互动，具有一定的优势：学生之间的身份是平等的，气氛是民主的，言论是自由的，背景和经历基本相同。但教师不能因为其优势而倾向于多设计和开展学生个体之间的互动。实施学生个体之间的互动，一定要具有一对一的必要性。例如，体育比赛中的"掰手腕"，只能一个学生对另一个学生，而且学生之间要具有对等性，不能是男生对女生，也不能是不同年龄、不同年级的学生。另外，学生个体之间的互动，并非一定是"一个学生对另一个学生"，也可以是一个学生和另一个物体之间的互动。例如，检测生理盲点时，每一个学生手拿生理盲点检测图，检测和感受自己的生理盲点，这也是学生个体的互动。

2．学生群体之间的互动

学生群体之间的互动既指学生群体与群体之间的互动，例如，两组同学进行拔河比赛，也指一个群体中多个成员之间相互协作，共同配合，完成任务，例如，几个同学一起制作公道杯的模型。学生群体之间的互动有助于培养学生的团队精神、参与意识、社会责任。另外，组成群体的每一个个体，在认知、能力、情意、性格等方面都存在差别，甚至冲突，通过良性互动，可以达到互相启发、互相合作的目的，提高自我意识和社会化程度。是否将教学活动设计成学生群体之间的互动，有时是由教学内容决定的。例如，为了让学生明确人视网膜上的视锥细胞和视杆细胞功能上的差异，教师让大家判断一块条纹布的颜色。面对同一块条纹布，有的人说是蓝色和黑色相间的，有的人说是白色和金色相间的，还有的人说是蓝色和棕色相间的。如果只有一个人、两个人，就起不到应有的作用，只有学生人数较多，达到六七个人，才有可能出现三种不同的结果。因此，一定要实施群体互动。

3．学生个体与学生群体之间的互动

学生个体与学生群体之间的互动是指一个学生与多个学生之间的互动。

例如，某一位学生给全班同学讲解一个概念、评价某一组探究实验方案、与多位同学辩论，班长对全班的管理、小组长对本组学习活动的组织，都属于学生个体与学生群体之间的互动。这种"一对多"的互动模式，对互动双方，特别是"单一个体"的一方在思辨能力、严谨性、心理等方面具有较大的挑战。能够增强个体的责任意识、群体规范性，同时也加强个体坚持真理、不盲从的信念，训练学生的人际交往能力和群体组织能力。

三、基于媒介和结果的互动类型

师生互动的发生，都要依赖一定的媒介。媒介是"使双方发生关系的人或事物"。不依赖媒介的教学活动是发生不了的，不依赖媒介的互动亦是不存在的。互动教学都要产生一定的结果，没有结果的互动教学是无效的互动，是形式化的互动。

（一）根据媒介划分

课堂互动是在一定的情境中，通过一定的媒介进行的。依据互动的媒介的不同，可以将师生互动分为言语互动和非言语互动两种类型。

1. 言语互动

言语互动是指师生之间、生生之间通过说话，以言语为媒介的互动。在课堂教学过程中，师生之间最基本的活动方式就是口头言语交流，包括师生之间的问答、讨论、谈话。我们通过课堂观察发现，在言语互动过程中，教师对待学困生，提的问题常常是判断性、描述性等较简单的，对学生的回答大多数没有反馈，在态度上比较专制、否定，耐性不足，言语交流的时间比较短，常常不足 15 秒，不允许学困生表现出自己的个性。教师在言语互动过程中要一视同仁，无论学习好坏、是否是班干部、性情如何，教师的言语都要具有民主性、肯定性、引导性，要肯定和发展学生的个性，使学生从言语交流中受到激励，形成学业的良性循环。

第一，在言语互动过程中，当教师言语与学生言语的比率为1.3∶1时，能较好地实现对话。师生言语的比率应该为多少，没有统一的比值，但教师在言语互动过程中，要体现"以学生为中心"的理念。第二，要保证学生的连续性言语行为。如果只有教师的连续性言语行为，就说明教师以自己的讲授为主。要保证师生双方的连续性言语行为，这样才能在教师进行必要讲解的基础上，给予学生时间充分发表自己的看法和观点，将课堂还给学生。第三，教师在言语互动过程中的提问，应该以开放性问题为主，诸如"你的假设是什么？""你有什么不同的意见？""你的想法是什么？""你如何评价他们组的实验设计？"因为开放式题目会给学生更大的自主性，会激发他们的内在动机。第四，教师通过鼓励、表扬来强化学生的知识、能力等素养，针对学生的错误，避免用直接的批评性言语，但不能视而不见，教师要具有一定的权威性，纠正学生的错误言行。

2. 非言语互动

非言语互动是针对言语互动而言的，是指师生之间、生生之间以非言语行为为媒介实施的互动。在王家瑾的三维互动模型中，三个维度分别是 T（teacher，教师）、S（student，学生）和 M（material，物质、资料），此模型不仅强调教师与学生之间的互动，更强调师生与"物"的互动。人与物的互动有很多成分属于非言语互动。实际上，教师与学生之间的互动既有言语互动，也有非言语互动。人与人之间的互动，常常要借助于言语互动来实施。非言语互动难以脱离言语而单独存在。

非言语互动在创设情境、引发学生思考、设疑、运用概念和原理等方面具有极其重要的作用。非言语互动要和言语互动共存。从表面上看，学生可以只和物互动，不使用言语，但伴随着非言语互动，也会有内部言语活动，即思维活动。例如，学生在操作斯特林发动机的过程中，会思考：为什么叫"斯特林"发动机？为什么放在热水上很长时间了都不发动，必须施加一个启动的力量？为什么热水、热气能够使发动机转动呢？学生产生了这些疑问，就表明了互动的发生。学生既可以通过生生互动讨论，也可以通过网络查询答案，还可以通过师生互动，让教师帮助解答。实际上，之所以叫斯特林发动机，是因为这种发动机运用的原理是斯特林循环——两个定容吸热过程和两个定温膨胀过程组成的可逆循环，而且定容放热过程放出的热量恰好为定容吸热过程所吸收。热机在定温膨胀过程中从高温热源吸热，而在定温压缩过程中向低温热源放热。这是由英国物理学家、热力学研究专家罗巴特·斯特林（Robert Stirling）提出的。关于斯特林发动机需要一个启动的力才能转动起来，需要运用"静摩擦力"和"动摩擦力"两个概念来解释。静摩擦力是指当相互接触（且相互挤压）的物体之间有相对滑动趋势时，物体之间产生的摩擦力。两个相互接触的物体（且相互挤压），当它们做相对运动时，在接触面上会产生一种阻碍相对运动的力，这种力称为动摩擦力，即滑动摩擦力。两个表面相对静止的物体接触时间越长，启动摩擦力就越大，即最大静摩擦力大于动摩擦力。所以，斯特林发动机在静止时，摩擦力比较大。外界给它一个推力，使其动起来，其摩擦力就小了。"热"能够使斯特林发动机转动起来，是因为斯特林发动机有两个气缸，一个是动力气缸，另一个是热置换气缸。动力气缸中有一个动力活塞，热置换气缸中有一个热置换活塞，又叫移气活塞。气体在热置换气缸中，受移气器（活塞)的推动，在冷端和热端之间来回流动。气体流动到热端时，受热膨胀，推动动力活塞向外（向上）运动。气体流动到冷端时，受冷收缩，吸引动力活塞向内（向下）运动。动力活塞通过运动，向外输出了动力，带动曲柄移动。

在这一问题的师生互动过程中，如果缺失了气球、铁球、铁环和斯特林发动机，师生之间的言语互动会非常低效，通过言语对热胀冷缩的讲解会显得非常苍白无力。有了人与物的互动，会引发非常丰富和生动的言语互动。

（二）根据显隐性划分

在课堂互动、师生互动过程中，根据互动过程是显露的还是隐蔽的、是否能够觉察到，可以把互动分为显性互动和隐性互动两种。

1. 显性互动

显性互动即显性式互动，是思想上、逻辑上互动的外在表现，通常通过语言、手势、体态等教学技艺来完成。显性互动是容易看到或觉察到的表层互动。这是互动的外在形式，是显而易见的。

2. 隐性互动

隐性互动即隐性式互动，是师生之间在思想上、逻辑上的深层交流。隐性互动是比较隐蔽的、旁人不容易看到的深层互动，所以将隐性互动称为心灵的互动，这种互动能够引发思维的涟漪，亦称为"默动"。隐性互动以内涵取胜，而非以形式取胜。例如，心理暗示就是一种隐性互动，心理暗示的方式很多。

（1）体态暗示。学生在课堂教学过程中注意力不集中，教师运用表情（目光关切）、动作（边走边讲，不动声色地漫步到其身边）等体态语言对学生加以暗示，提醒学生集中精力，注意学习。

（2）情绪暗示。学生在理化生实验操作多次失败之际，在体操动作不得要领之时，教师细致地讲解，耐心地示范，亲切地指导，会使学生增强信心和勇气。

（3）评价暗示。评价的目的不是为了把学生分成三六九等，而是为了使师生明确优势和不足，进而采取有针对性的教学策略。对于在课堂、作业、测验、考试中表现或成绩多次不理想的学生，教师可以运用最近发展区理论，通过适当降低标准，让学生意识到自己的长处，暗示其能够成功。诸如此类的暗示还有比赛暗示、兴趣暗示、环境暗示、错觉暗示等。

有学者认为，隐性互动是在课堂的互动情境中，师生在无意识中进行的互动。师生在隐性互动过程中，双方基于个体的经验，对互动情境所进行的自我解读，是不自觉的自我认识。隐性互动是伴随着显性互动而发生的。例如，案例"倒流壶"就是通过教师的讲解使学生认识到，倒流壶的结构之奇特、内部设计之巧妙，对我国古代能工巧匠的聪明才智和创造能力叹为观止。教师的演示是在无声地引导学生思考：倒流壶的壶盖为什么是"死"的？将注入了水的壶正立，水为什么不会从底部的梅花形小孔中流出？它的内部结构是怎样的？原理是什么？倒流壶不仅具有科学上的意蕴，还暗示着一定的人生哲理：倒为正时，正即为倒；正为倒时，倒即为正。它提醒人们在分析问题时要从正反两个方面来考虑。但是，无论如何倒、正，正终归是正，倒终究是倒。它告诫人们不要颠倒黑白、搬弄是非，人心要正。这是显性互动之下的深层互动——隐性互动。

第三节　有效互动的教学

关于"有效"的含义，我们可以从三个方面进行理解，即有效果、有效率和有效益。具体到有效教学，有效果指向的是教学活动应该达到预期的教学目标，能够引导学生获取预期的知识、能力、情感态度与价值观。有效率是指教学过程的效率较高，通过较少的教学投入便可获得较高的产出，学生能够在较短的时间内获得较多的发展。有效益是指在保证教学效率和效果的基础上，实现整个教学生态和谐可持续发展。

下面我们进一步就"有效互动"的含义进行分析：

从"有效果"角度讲，在有效互动过程中，学生能够有所收益，即能够理解相应的概念、原理、规律，掌握动手实践能力、实验操作技能以及社会情感技能，形成协同合作意识、理性批判思维以及社会责任感等，而非一些课堂中，教师认为开展互动教学就是组织学生"玩耍"，导致学生以一种"玩"的心态来面对课程，"玩"过之后头脑中未能形成任何认知结构。所以，有效互动的根本价值诉求应该是"学生理解了什么""学生能够解决哪些问题""学生养成了哪些情感"。

从"有效率"角度谈，在有效互动教学过程中，教师和学生投入较少的时间、精力和物力，能够获得较多的成果。通过互动教学，学生在更短的时间内对相应的概念进行了认知建构，并且收获了相应的能力和情感。相反，一些无效的互动往往增加了学生的学习负担，在互动过程中你一言我一语，缺乏明确的互动目标及价值导向，这种互动教学不仅浪费了师生的时间和精力，甚至对学生理解概念、掌握能力和发展情感态度具有反作用。

从"有效益"角度分析，有效互动能够帮助教师更好地教学、学生更容易地学习，促进整个教学活动更加顺畅、优良地发展。一方面，每一位教师都应该全面了解学生、正确评价学生，对学生进行适当的教育。有效互动能够帮助教师深入了解学生的学情，根据学生的需求可以调整课程的基调与进度，开展具有针对性的教学。另一方面，有效互动可以促进学生的学习着眼点由"学答"转变为"学思"，即引导学生由记忆"知识是什么"转变为思考"知识为什么是这样的"。可见，有效互动可以促进教师专业能力的发展，引导学生核心素养的提升。

总之，有效互动教学是调动一切积极因素，专注于促进学生的发展，转变"虚假"互动和一言堂的状态，引导学生思考，创造以"自主、合作、探究"为主旋律的课堂教学。

一、有效互动的特征

理解学生、帮助学生、提升学生，这是课堂教学的根本目标。因此，有效互动的本质同样在于促进学生的发展。有效互动有五个主要特征：公平性、动态生成性、主体之间民主平等、教师监控的自觉性、学生活动的主动性。

（一）公平性

有效互动教学具有公平性特征，主要体现在以下几个方面：

第一，有效互动是全体学生参与的互动，而非局限于个别人的互动。教师应该面向全体学生，为所有学生创造互动机会，组织全体学生针对某个主题进行互动，不可放弃任何一位学生。在互动教学过程中，教师尤其应该重视弱势群体，引导学困生、不善于表达的学生参与到互动中。

第二，有效互动尊重学生的个体差异性。学生的生活背景、家庭情况及遗传因素不同，个体之间在已有的发展水平、学习习惯、兴趣爱好、追求的发展方向等方面均存在差异。因此，教师应该为每个学生提供公平的学习机会与有效的指导，要充分考虑到每个学生在性别、天赋、兴趣、生活环境、文化背景、民族、地区等方面存在的差异，在课程、教材、教学、评价等方面鼓励多样性和灵活性。只有正视并尊重差异，有针对性地采取教育措施，促进学生尽可能充分地发展，才能实现真正意义上的教育公平。

（二）动态生成性

课程的主体是教师与学生，均为有生命力、行动能力、自我能动性的人，由于人与人之间的相互作用、彼此影响，课程本身必然不是静态的、完全预设的、如同"样板"的教育要素。课程教学是可以预设的，但是教学过程并不可能完全按照预设的进程执行，师生互动必然会对预设的课程进行"再生产"，生成新的教学目标、教学策略、教学活动以及最终的教学价值。课程内在的价值只有师生在课程实施过程中，在与特定的自然环境、社会环境、文化环境的能动作用中才能实现，无法通过预设达到。

教师应该在教学前对互动过程进行预设，但是在互动过程中，教师"走教案"，照搬预设的活动环节是行不通的。课堂教学生态环境是不断变化的，学生的认知结构也是动态发展的，师生之间的相互影响必然会引起课程的动态生成。互动教学会随着师生、生生之间的多元化对话、实践活动以及教学游戏而不断地延伸、创新，并非封闭、静态的知识传递过程。教师要根据课堂的具体情况作为学生的生长点来进行教学。互动教学预设与生成是共生的，互动的预设是为了有效的生成，有效的生成离不开精心的预设。

学生有新的疑问，教师很好地抓住了时机，带领全班学生一起解决了新问题，这是一个有效教学的切入点，加深了学生对知识的理解，同时教师也提升了专业知识和教学能力。可见，课堂教学是"活的"，教师与学生在其中是富有创造性的。

（三）主体之间的民主性

随着课程理念的发展，互动教学由"以知识为中心"转变为"以学生为中心"，在教学过程中教师与学生之间的关系亦由原来的"主体与客体"关系转变成"双主体"的关系。这种转变显然将学生看作教学活动中的主观能动者。"双主体"为师生之间的平等对话、交流、互动创造了条件，塑造了"人与人"互动的环境氛围。学生不再是纯粹的接受者，教学活动也不再是单向的传输，教学活动俨然成为一种师生共同参与、彼此合作的民主性活动。

在有效互动中，教师与学生、学生与学生之间是"我"和"你"的平等关系，洋溢着民主平等的氛围。但是教师与学生的"双主体"需要具有协同性。如果教师的主体性太弱，就会在教学过程中缺乏激情、缺少引领性、缺乏创造意识，影响教学的有效性。如果学生的主体性发挥过当，就有可能出现过度自由，学习状态松散，课堂秩序紊乱的现象，影响教师指导。

若教师主体性发挥过当，则会抑制学生的发挥，甚至退回"一言堂"的教学模式，课堂氛围如同"一潭死水"，学生在课堂教学活动中缺少机会进行思考和探索，不利于学生的"学思"。

教师要相信学生的能力，给予学生充足的时间。学生自我构建的知识体系是建立在新知识与旧知识之间的联系上，对学生今后解决问题具有更加深远的影响。所以，教师应该处理好"什么时候给予学生帮助""如何为学生提供脚手架"等问题。

（四）教师监控的自觉性

在新课程理念下，教师与学生的关系虽然为"双主体"，但是在"双主体"关系中，教师应该且必然具备"主导性"。教学活动是教师将人类长期积累的文化经验，有针对性地加工处理整合，以教学资料为载体传授给学生，引导学生理解概念、内化知识，并获取解决问题的能力，更加适应社会的快速发展。可见，教师应该对整个教学活动进行设计、修订、实施、反思。而处在基础教育阶段的学生，由于其身心发展尚未成熟，认识水平具有局限性，所以学生更多的是基于教师设计的教学活动建构认知、发现新问题、探索并解决新问题。学生是无法把控教学的方向、内容、方法的，并且学生还无法真正独立地学习，难以解决认知过程中出现的种种障碍，必然需要教师的监控、协助、指导和点拨。

在有效互动教学过程中，教师在尊重学生主体性的基础上，应该树立"为学生的学习而服务"的责任意识，对整个互动过程进行把控。教师应该基于课程标准明确学生的学习要求，在互动过程中针对具体教学情况不断地进行计划、检查、评价、反馈、控制和调节，从而促进学生达到学习目的。

教师始终是课堂教学活动的组织者、学生思维发散的引导者，教师始终围绕着课程标准的要求，指引学生层层递进。教师要充分地尊重学生的主体性，消除学生怯于表达、羞于表达的心理障碍，充分引导学生深入思考、表达自己的观点。同时，教师要是认清自己的位置，设计环环相扣的活动，主导整个课程教学的"脉络"。

（五）学生活动的主动性

以学生为主体是提高学生学习主动性的前提。学生参与学习的主动性与主体性教育密切相关。学生是教育目的的体现者，是学习活动的主人，是学习活动积极的探索者，也是学习活动的主体，教学设计应该始终围绕着学生来开展，教师设计的互动旨在帮助学生获取预期的学习成果。这些均为外部影响因素，若想让学生真正地融于互动教学中，则新知识与其认知结构要进行有效的碰撞，学生自身还需要充分发挥积极性、主动性。如果互动教学离开了学生的主动参与，那么不仅无法达到教学的目标，还会使互动教学流于形式。如果学生在教学活动中是消极的、被动的，那么教学活动会不可避免地重蹈"填鸭式"教学的覆辙。

二、有效互动的开展

互动的有效性直接影响了学生的发展，决定了课堂教学的质量。有效互动的开展，需要教师将所学的先进理念转变为行动，从实践出发，精心地去设计、规划、实施有效的互动教学。具体而言，教师需要从课堂氛围、教学情境、互动对象、互动环节、互动素材等方面去思考、去设计。

（一）构建和谐的课堂氛围

美国心理学家卡尔·罗杰斯（Carl Rogers）提出的"人本主义学习理论"非常注重环境气氛的心理渲染作用，他认为，成功的教学依赖于一种真诚的师生关系，依赖于一种和谐安全的课堂气氛。民主、自由、和谐的教学氛围，可以激发学生的学习激情、表现欲望，提升学生的学习积极性。有研究表明，处于积极情绪状态的学生善于利用已有的知识背景，倾向于采用启发式的信息加工模式进行发散性思维。

开展有效互动教学的首要任务便是构建和谐民主的课堂氛围，主要包括以下维度：

（1）构建良好的人际关系，包括师生关系和生生关系。教师应该尊重学生的主体性、自主性，放下"身价"与学生平等地对话、互动，教师要从"讲解者、指导者、提问者"转变为"学习者、思考者、倾听者、课堂信息的捕捉者和局部障碍的排除者"，师生之间相互关爱、相互依赖，彼此进行心灵的映射。

（2）教师需要尊重学生的学习差异性，允许学生产生不同的观点，允许学生运用适合自己的学习方式进行认知，允许学生通过合作自行探索新产生的问题。

（3）教师应该给予学生合理的评价，学生的表现无论是优秀还是尚佳，教师均应该帮助其合理归因，认识到自己的优点与不足。研究表明，好的判断或评价技巧对学生的创造力是有益的。

教师创造和谐、民主、自由、平等的课堂氛围，并且师生之间的认知与非认知因素相互影响，彼此激发，构成了在和谐的环境中进行创新性思索的模式，学生在互动交流、思维碰撞中进行认知构建。这样可以使教师轻松教、学生快乐学，教学真正成为师生之间的双向促进的活动，从而实现教学相长。

（二）精心设计互动情境

建构主义认为教学过程必须具备四个基本要素：教学情境、协作共享、对话交流、意义建构。其中，教学情境至关重要，能够支持和促进学生对所学知识进行意义建构，能够引导学生在其中进行自主地认知、自由地探索，自然地与教师、其他学生协作共享。为了使互动有效，教师同样应该精心设计互动的情境，使其具有新颖性，激发学生的互动激情；使其具有启发性，能够引导学生思考、联想；使其具有生动性，激发学生的学习主动性，让学生爱学、乐学、享学。

教师需要具备的关键教学能力之一就是"给学生提供合作互动的情境"，可以从以下几个方面着手：

（1）通过实验创设互动情境。学生往往不喜欢死记硬背，喜欢通过实验、操作、交流等实践活动来学习相应的知识，因此教师通过设计实验环节，可以激发学生的积极性，提高学生参与互动的欲望。

（2）组织学生进行角色扮演来创设互动情境。学生具有角色代入感，一般通过角色扮演会更加深入、细腻地体会相应知识的内涵，引发学生产生心灵深处的触动。

（3）通过讲故事创设情境。故事具有共鸣性、渲染性，学生能够以忘我的状态投入故事情节中，从而启发学生思索。

（4）运用高认知问题创设认知冲突情境。这样可以对学生的认知产生刺激，激发学生积极思维，指引学生为了解决这个问题而参与到互动中。

（三）面向全体学生的互动教学

当今教育的目的，已经从"精英教育"转向"公民教育"，旨在使所有公民都有享受教育的权利，以便培养所有学生成为具有较高科学素养和人文素养的公民，这是教育的根本目的。这就要求教师在教学活动中必须面向全体学生。不因学生的年龄、性别、文化背景、家庭背景、天分、民族、经济条件等区别对待，教师应该保障所有学生平等的受教育权利，使他们都能受到质量优良的教育。

在互动教学过程中，教师经常安排学生进行小组讨论。如何分组引导学生组内分工合作，是互动教学有效性的关键。在现实中，教师一般安排学生按照前后位置分为一个小组，或者学生自行结合，这样的分组往往导致优秀的学生聚集到一起，学困生聚集到一起，无法保证小组间的学习水平质量是一致的，同时无法保障组内学生的学习水平是各异的。因此，为了保证组间同质、组内异质，教师应该学会科学的分组方式。如想把全班学生分成6个组，就让学生依次、循环报数字1、2、3、4、5、6，报数相同（例如同为数字5)的学生归为一组，这样可以保证学生分组的随机性，组内学生各自具备独特的学习习惯，彼此之间的互动交流，有利于组员相互取长补短，同时也保障了组间的同质。教师也可以先分层后分组，依据成绩将学生隐性分层，学优生为A层，中等生为B层，学困生为C层，然后分别在A、B、C三层中各取两名学生组成一个探究小组。

另外，在讨论小组内部，组员如何分工合作呢？在现实中，很多学生在组内的状态是不发言、不参与，这显然不公平。为了合理地解决这个问题，教师要引导学生分工合作，组织各个讨论小组在组内设置5个角色，分别为组长、激励员、声音操控员、记录员、报告者，学生具有了角色代入感，身上肩负责任，会由心而发地参与到互动中。教师引导学生进行分组讨论的流程主要包括明确学习任务、明确个人责任并分工、学生合作探究、组间交流学习、反馈并评价结果。

（四）有效的课堂提问策略

提问是课堂教学的必要环节，有效的提问有助于学生开动脑筋进行思考，深入理解知识、应用知识，转变以往只是对知识死记硬背的学习方法。师生之间的提问、回答，形成了一系列的对话，这是后现代课程观念倡导的主要形式。师生之间的问答有助于针对某个主题引导学生的思维不断地发散，向未知领域推进，从而促进学生有效地构建思维体系，促进学生迸发出创造性思维。有效的提问是一门艺术，优质的提问能够激发学生的学习欲望，推动学生不断地思考、质疑、解惑，指引学生进行积极主动的学习，使学生从"学而无疑"走向"学中生疑"。师生的问答，除了启发学生深入思考，还能够提高学生的语言组织能力和表达能力、情感外显和渲染的能力，培养学生搜集、处理和整合信息的能力。

有效提问会促进学生更好地融入互动教学过程，教师需要从以下几个方面提升提问的技能：第一，提问应该紧紧围绕教学目标，为教学目标服务。第二，提问应该简洁、明确，让学生看了以后知道应该从哪些方面去思考问题。第三，提问最好是发散性问题，这样能让学生有东西可说，又给学生的思维创造留下了充分的空间。第四，提问应该具有一定的层次和高度，起点较高的问题可以有效地激发学生的学习兴趣和创造性思维。第五，所提的问题若能引起争辩那是再好不过了，富有争辩性的问题更容易互动。

1. 提出问题：问题准备

在提出问题的时候，教师应该考虑问题的难度、问题的数量以及问题的表达陈述方式。

（1）问题的难度。在教学过程中，教师提出的问题应该难易适当，"让学生跳一跳就能摘到果子"。如果提问的目的是引发学生思考，那么提出的问题应该是难易适中的。如果提问的目的是激发学生的求知欲望，教师提出的问题就应该有较高的难度。"学起于思，思源于疑。"疑能使学生在心理上产生困惑，产生认知冲突，进而拨动其思维之弦。要使学生生"疑"，教师就要不失时机地激"疑"，而激"疑"最好的办法就是设"疑"。例如，在教学"年、月、日"时，教师可以先出示题目："小明今年 12 岁，他只过了 3 个生日，你们知道这是怎么回事吗？"这时学生情绪高涨，对问题产生了"疑"，从而激发起他们强烈的求知欲望和学习兴趣。

（2）问题的数量。在提问时，教师还要考虑一次性提出几个问题。一般来说，如果教师提出问题需要学生及时回答，那么提出的问题就应该少一些，以 1～2 个为宜。如果教师提出问题后，组织学生阅读教材或讨论，那么呈现的问题数量则可以多一点，以 3～4 个为宜。因为需要及时回答的问题，学生思考的时间少，而且学生记录教师的问题也要花一定的精力，所以问题不能多。而组织学生阅读教材或讨论需要占用较多的时间，如果只解决一个问题，教学效果就不明显。

（3）问题的陈述。教师提出问题时，还应该考虑组织问题的表达方式。如果教师提出的问题本身就存在问题，学生就会产生迷惑。教师在呈现问题时，问题本身应该是清晰易懂、简明扼要的。

2．叫答：提问实施

在叫学生回答问题的时候，教师应该思考：什么时候叫学生回答、叫谁回答以及叫学生怎样回答。

（1）叫学生回答的时机。叫学生回答时间的把握一般要从学生的表情和动作来判断。有经验的教师擅长"读"学生。例如，教师提出问题后，很多学生都开始看向教师，就表示他们思考好了。教师在看学生时，学生的目光回避教师，那么一般说明他们还没有思考好，还应该给一段时间供他们思考或者做必要的启发和提示。

（2）叫谁回答。教师在叫学生回答前，应该在问题的难度和学生群体知识、能力分布状况之间做出权衡：对于比较难的问题，倾向于让那些比较拔尖儿的学生回答；对于比较容易的问题，则应该向成绩一般或不够理想的学生群体倾斜。

（五）学生认知水平的切入点

在互动教学过程中，由于学生自身的能动性作用，他们可能会想出与教师预设不同的观点、想法。一方面，教师应该对教学内容的深度和广度进行全方位的预设，对学生的学习情况进行全面的了解，清楚学生的知识水平、学习特点、性格习惯。另一方面，教师要能够在互动教学过程中，基于学生即时的认知表现，寻找适合学生认知水平的、紧密围绕课程目标的切入点。这样才能在教学互动过程中做到有的放矢，调动学生的互动积极性，鼓励学生独立思考、大胆质疑，让学生敢于标新立异，从而营造出自由、民主、平等、活跃的课堂氛围。利用学生的兴趣点激发他们参与课堂教学的积极性。在学生对兴趣点进行深入探索的过程中，教师层层引导，将其思维逐步指引到课程标准要求的学习内容中。

（六）知觉系统的有效互动

在有效互动过程中，师生之间除了通过平等对话促进学生构建认知结构外，教师还可以通过图片、声音、动画、文字等载体，激发学生的学习兴趣，刺激学生的常规认知，提高学生参与互动的积极性。因此，互动教学除了通过问题促进学生思考、探索，还要通过知觉最大限度地激发学生的好奇心和求知欲，吸引他们全身心地投入活动，丰富学生的身体及心灵的别样体验，并引导学生在活动中学习基础知识，把握基本规律，接受创造性解决实际问题的基本训练。

（七）开发和利用课程资源

课程资源的开发和利用是互动教学的重要基础与前提，没有课程资源的支持，互动教学的实施必然会受到一定程度的限制。有效互动的开展必然要求教师能够运用身边的素材进行开发、获取课程资源。课程资源既可以从自然界的动植物中直接获取，如采集一些生物标本、样品等，也可以从社会生活中获取，如在图书馆、博物馆、科技馆获取一些书籍、影像资料、模型等。教师同样可以利用日常用品自行开发课程资源，如使用纸片制作"DNA 双螺旋模型"，运用气球体验向心力等。这需要教师如同"发明家"一样，有一颗敏锐的心，细心观察生活现象，善于进行理性思维，将生活现象与教学中的知识有机地结合起来。开发和设计课程资源有利于教师开阔视野、提升创造力，促进自身专业能力的发展。

第三章

中学体育课堂的有效互动分析

第一节　中学体育课堂有效互动的理念

一、体育课堂有效互动关注学生的全面发展

学生的全面发展与进步是体育课堂教学的终极目标，也是体育课堂有效互动追求的最终理想。这里所指学生的全面发展包含了两个方面内容：①体育课堂有效互动是教师与全体学生间的互动，关注的不是个别学生，而是全体学生，因此体育课堂有效互动关注的是全体学生的发展。②体育课堂有效互动要求教师对学生的培养必须拥有"全人（全面发展的人）"的概念。③学生的发展是"全人"的发展，即全面、均衡、协调的发展，而不是单方面的发展，既包括运动参与、体育与健康知识、运动技能、身体健康、心理健康以及社会适应的发展，还包括情感、态度以及价值观的发展。换言之，体育课堂有效互动不仅关注学生"健商"的发展，还关注学生的智商、情商等多方面因素的发展。在新课程理念下，教师应具有宽广的眼光，正确地判断体育学科的价值，应该把学科价值定位在多学科基础上，定位在对一个完整人的发展上。

二、体育课堂有效互动要求从形式互动走向实质互动

体育课堂有效互动是一种理念，诠释了新课标下体育课堂教学改革的精神实

质，摒弃了以往按部就班、完全没有弹性的预设型课堂教学；摒弃了以往把"将课堂还给学生"误读为教师彻底无事可干、学生放任自流的"放羊式"课堂教学；摒弃了以往课堂教学嬉戏化、教育表面化、学生学习质量低下的"表面热闹型"的课堂教学，强调体育课堂互动的真实、平等、有效。体育课堂有效互动引起的不仅是体育课堂形式层面的互动，更重要的是进一步引发体育课堂师生心理反应、情绪感染和感受生成，这是一种彻彻底底的实质性互动，即充分地将体育与健康知识和运动技能、思想、思维、情感、意志、人格加以有机整合，即协同发生情感、思想、人格以及信息的互动。信息互动是其中的基础，它作为体育课堂师生交往、互动的基础、媒介和形式，强调师生认知互动时的平等地位以及探讨体育与健康知识、运动技能后在思想和人格上的升华。情感活动则是动力，它是促进师生、生生间认知、情感、人格等多元因素的相互作用和影响的内在动力。思想互动应是核心，体育与健康知识、运动技能的交流与互动只是体育课堂教学的表象与媒介，思想的交流与互动才是体育课堂教学的核心与本质。体育与健康知识、运动技能在伴随一个人成长的过程中成为主导其体育思想的工具，思想成为衡量一个人体育与健康知识、运动技能体验和人生运动体验的尺度。师生、生生在体育课堂中的体育与健康知识、运动技能的交流与互动最终会引发双方思想的接触、撞击，在体育课堂中分享思想是促进个人思想迅速成长的最佳途径。人格互动是最高境界，它是师生的人格在交流与互动中的相遇、碰撞和共鸣。它超越一切的形式，追求师生间平等的心灵沟通、对话、接纳、合作、包容以及分享。这样的整体性体育课堂有效互动体现了一种多层次、实质性的互动过程，是一种师生、生生在生命主体层面上的互动。当然，体育课堂从形式互动到实质互动转变并非一蹴而就，它经历了一个由"触动—共识"到"交融—共鸣"再到"自由—共享"的逐渐演变的过程。从形式互动走向实质互动也是师生、生生互动从表浅、片面、整齐划一走向深入、全面、丰富多彩的过程。毋庸置疑，体育课堂有效互动是体育课堂教学的最高理想状态，也是体育课堂教学的最高层次，要求从形式化互动走向实质性互动，意味着课堂教学中师生、生生从简单认知互动走向认知、情感、思想、人格相融合的互动。

三、体育课堂有效互动强调互动的效益

体育课堂有效互动关注课堂互动效益，强调课堂互动既要有时间观念，又要有收益。换言之，体育课堂互动既要有效率，还要互动结果与互动的目标相吻合。但在这里，我们还是不能简单地把"效益"理解为"用最短的时间完成互动目标"，更不能把互动效益等同于生产效益，而是通过有效率的师生、生生互动，最终促进全体学生运动参与，促进体育与健康知识、运动技能、身体健康、心理健康以及社会适应的发展，促进学生情感、态度以及价值观的发展，有效达成课堂互动目标。

毋庸置疑，要想取得以上的互动效益，离不开合理的体育课堂互动的设计，离不开有效的体育课堂互动的实施和课后的反思，当然体育教师还必须具备良好的互动效益意识。意识具有能动的作用，用马克思主义辩证观点来看，意识具有两面性，错误的思想意识可能导致人们采取错误的行为，对事物发展起到阻碍的作用；而正确的思想意识指导人们采取正确的行为，有效地促进事物的发展。在实践中，体育教师如果具备良好的互动效益意识，就会时刻反省自己的互动行为，提高自己的互动效率，不断总结经验，争取获得更好的互动效益，从而提高课堂互动的有效性，提高课堂教学效果。

四、体育课堂有效互动要求教师必须具备反思意识

体育课堂有效互动要求体育教师明白怎样的体育课堂互动教学是有效的，自己的课堂互动教学离课堂有效互动还有多少距离。这就需要体育教师时刻具有反思的意识，不断地发现课堂互动中存在的问题，通过解决问题，从而提高

课堂互动的有效性，进一步提高课堂教学的质量。然而当前有相当部分的中学体育教师不清楚何为反思，更没认识到它的重要性。最早对反思进行详细描述是著名教育家约翰·杜威（John Dewey），他在著作《我们如何思维》中提出：反思是一种对于任何信念或假设性的知识，按其所依据的基础和结论而进行的主动的、持久的、周密的思考。① 后来，各国学者纷纷从不同视角对反思进行研究，提出的看法也不尽相同。一般认为，教学反思指教师为了实现有效的课堂教学，在反思意识的支持下，对已经发生或正在发生的课堂教学活动以及活动背后的理论或假设，进行主动、持续、周密、深入的自我调节性思考，在思考过程中，发现、弄清所遇到的课堂教学问题，并积极寻求解决办法的过程。教学反思兴起于 20 世纪 80 年代，在 20 世纪 90 年代传入我国，并迅速成为我国教师教育研究的一个热点问题。反思是促进教师专业发展的重要途径，也是体育教师专业化成长的重要环节。教师成长＝经验＋反思。即使是一个有 20 年教学经验的老教师，如果他仅满足于过去获得的经验而不对经验进行深入的反思并从中吸取教益，他将永远只有一个新手教师的水准。事实也表明，一个优秀体育教师的成长离不开不断的教学反思。换言之，体育教师在课堂互动过程中不断发现自己不足之处，通过积极、认真的反思，不断总结经验教训，不断学习、实践，促进自己专业化发展，提升自己课堂互动的能力，这既是体育课堂有效互动的需要，也是最终实现有效体育课堂教学的需要。

　　体育教师的反思意识有助于指导体育教师进行反思性课堂互动实践。而体育课堂有效互动教学本身就是一种反思性课堂互动实践，需要体育教师做好长期、持续的反思与探究，然而，长期以来部分体育教师比较缺乏反思意识与反思精神，对于体育新课程改革，仅仅对一些不当互动行为进行改良，对于那些根深蒂固的旧思想与观念不愿触及，这就无法实现由"经验教师"向"反思性教师"的改变，体育课堂教学改革无法真正得到实施。因此，我们只有不断加强对体育教师反思意识的

① （美）杜威. 我们怎样思维 [M]. 周艳，译. 北京：外语教学与研究出版社，2015.

培养，才能实现对某些旧观念的改造与更新，才能实现对某些不合时宜的互动行为进行改良，体育课堂有效互动实施才会有力量、有效果。体育教师只有成为"反思实践者"，具备了课前、课中、课后的反思意识、习惯和能力，通过写反思随笔、课后反思小结、反思日记等，不断追问自己的课堂互动行为以及行为背后的教学理念，才能有效地贯彻体育新课程的理念，体育课堂互动才能有效、高效。

五、体育课堂有效互动既是一种方法，也是一套策略

体育教学方法是有层次性的，当人们笼统地问到体育教学方法时，我们很难确定它具体是指哪个层次的。有时是指最高层次的教学方略（如发现式教学法），有时是指中位层次的教学技术（如提问法），还有时是指下位层次的教学工具（如录像演示法）。互动式教学法是上位层次的教学方略，也可以说是广义的教学方法，是我们传统意义上多种教学方法和手段的组合，既包括以言语传递信息为主的体育教学方法，也包括以身体示范以及感知为主的体育教学方法。体育课堂运用互动式教学法，能有效地实现体育课堂预期教学目标，促进学生在体育与健康知识、运动技能、运动参与、心理健康、身体健康、社会适应能力、情感、态度、价值观等方面在原有基础上全面发展。

体育课堂有效互动也是一套策略。所谓"策略"主要指体育教师为实现体育课堂互动目标而采用的一系列具体问题的解决手段或行为方式。具体来说就是按课堂互动教学进程，把课堂互动分为互动设计、互动实施、互动结果以及互动反思四个阶段，在每一个阶段都有一系列具体的策略：①互动设计必须考虑科学性、全面性、可行性。②互动实施包括互动环境、互动广度、互动深度、互动内容、互动技巧以及互动生成等。③互动结果主要对学生运动参与、运动技能、身体健康、心理健康以及社会适应等五个学习领域进行评价。④互动反思包括了对目标达成程度的反思和互动生成的反思。教师可以根据每个阶

段的不同需要，采取合适的策略。

第二节 中学体育课堂有效互动的原则

一、主体性原则

现代教学论要求师生要共同构建课堂教学活动的主体。一方面，主体性原则要求发挥体育教师的主体作用。体育教师应该深入挖掘体育教材的精髓，积极开发符合学生需要的体育课程资源，全面了解学生的认知能力、运动技能基础和情感、态度、价值观等情况，准备好科学、全面、可行的互动设计，创设有利于体育课堂互动的教学情景及其他教学环节，制定有效的互动方略，然后根据互动结果，积极主动地进行自我反思。另一方面，主体性原则要求在课堂互动过程中，体育教师要促使学生由过去的被动接受转变为主动探究，培养他们的主体意识，突出他们的主体地位，充分发挥学生的学习主体作用，引导学生自觉、积极、主动地参与体育课堂互动教学活动，充分地发挥他们的想象力和创造力，实现主体的能动发展，并通过师生、生生间体育与健康知识和运动技能互动、思维碰撞、情感交融，使学生主动连接自己的生活世界和情感世界，探索周围的课堂社会环境，并根据所处的具体环境，自主选择目标、自主探索、自主调控、自主建构体育与健康知识和运动技能、自我评价、自我反思，从而实现自我发展。当然，在体育课堂有效互动教学过程中，教师和学生都应该尽量表现出自主性、主动性和创造性。

二、民主平等性原则

中学体育课堂互动中民主平等的师生关系，是开启学生心智的钥匙，是让课堂充满生机与活力必不可少的条件之一。倘若没有良好的师生关系，中学体育课堂有效互动就会成为空谈。由此可见，在民主平等原则下的体育课堂互动教学中，师生、生生之间是一种平等、和谐、融洽的伙伴关系是"知心朋友"，双方之间有一种"信任感"，使学生"亲其师而信其道"。当然，教师不仅仅充当着传统意义上的"传道、授业、解惑"者的角色，更重要的是转换成带领学生一起开展学习、探究体育健康知识和运动技能的组织者、引导者和参与者。互动方式应多采用集体探究、自由讨论与平等对话等方式，打破原来垄断式、支配式的互动方式，尽量让所有的学生都有参与互动的机会，只有保证互动机会平等，师生、生生才能在一种民主、平等的氛围中实现课堂的有效互动。

民主平等性原则强调教师与学生在体育课互动中保持人格、地位上的平等，从而实现心灵的沟通，碰撞出智慧的火花，充分地挖掘学生潜能，发挥他们的创造力和想象力。民主平等性原则反对体育教师在学生面前彰显居自己高临下的特权，要求体育教师改变传统的师生观，提倡教师通过体育课堂互动展现自己的人格魅力，赢得学生的信服，要求教师以开放的方式、平等的心态处理体育课堂互动中发生的事件；同时反对教师用自己的思维方式代替学生的独立见解，更不能用简单、粗暴的方式破坏学生的思维进程，尽量给每个学生发表自己不同见解的机会，并做到求同存异，从而获取补益。民主平等原则提倡师生共设互动目标、共研互动内容，在中学体育课堂互动中相互启迪、相互交流、相互促进，从而变中学体育课堂互动过程为师生共研、共进的过程，实现体育课堂互动民主化。

三、有效性原则

有效互动的中学体育课堂是充满了体育与健康知识、运动技能以及情感、态度、价值观碰撞与摩擦，是实现体育与健康知识、运动技能有效、快速建构的场所。因此，中学体育课堂中的师生、生生互动不能只流于形式，而要以真正、有效地实现互动目标为目的。中学体育课堂互动的有效性原则包括以下几个内容：

第一，体育课堂互动设计具有有效性，即互动设计上体现科学、全面、可行性。互动设计根据学生已有的体育知识经验、运动技能基础，紧紧围绕学生的运动参与、运动技能、身体健康、心理健康以及社会适应等五个学习领域目标而展开，同时还具有弹性预设，使预设性与生成性统一起来，从而使互动设计更加全面，更加有效。

第二，体育课堂互动实施具有有效性，具体体现为互动环境的创设，互动内容的选择，互动主体参与的态度、深度和广度，互动技巧的运用，互动生成的利用等，都围绕学生发展这一核心来进行，从而提高体育课堂互动的效率。

第三，体育课堂互动结果具有有效性，即互动目标的达成程度高。具体体现为体育课堂有效互动对学生运动参与、体育与健康知识、运动技能、身体健康、心理健康以及社会适应等都起到促进作用。

四、尊重差异性原则

每个人都拥有言语、视觉、逻辑、身体、音乐、人际、自我反省智力和自我观察等八种智力，但这些智力在每个人身上表现的都不尽相同，如有些人在这方面突出一些，但其他方面可能弱些，这种不同的组合，使每个人在智力类型上具有独特性，正是这种独特性造就了学生在运动智力上的个体差异性。体育课堂有效互动秉承"尊重差异、追求个性、宽容另类"的现代教育理念，关注和尊重学生的这些差异，既包括了体育与健康知识、运动技能认知上的差异，也包括他们情感、态度以及价值观等非智力因素方面的差异，体现了尊重差异性原则。差异性原则要求互动目标设计上应体现多样性和层次性，不能像传统教学那样"齐步走""一刀切"，给所有学生强加统一的目标，承认每个学生都是活生生的生命体，具有个性、独立性与个体差异，因此，应为每一个学生提供参与探究学习、交往互动的条件与机会。互动过程中针对学生不同特点，从学生的实际情况出发，采取不同的互动策略，区别对待，有的放矢，真正地做到"因材施教"，兼顾每一个学生的发展，并让每个学生都有成功的学习体验，使其在原有水平上获得进一步的发展。

差异性原则对体育课堂互动教学的具体要求是对运动智力相对弱的学生个体，要以"扶"为主，"扶""放"结合，设置水平较低的互动目标，采用言语鼓励、心理疏导、方法训练等方式；对那些"吃不饱"且精力旺盛的学生，可选择新颖且具有挑战性的互动内容。但对他们的学习不能不管不问，也要时刻关注，对于出现的一些问题应该及时化解；特别要关注、关心那些性格内向、不善言语的学生，应给他们表现自我和互动交流的机会，在激励的基础上施加一定的压力，促使他们的主观能动性能够得到正常发挥，体育与健康知识、运动技能、情感、态度价值观得到相应的发展。

五、思维性原则

有意义的互动是一种以思维为核心的理解性互动，没有学生的思维活动就谈不上理解，没有学生思维活动的体育课堂就像死水一潭，只重视对学生体育与健康知识、运动技能的灌输，忽视对学生创新意识、思维能力的培养，长此以往，这样体育课堂教学培养出来的学生思想受到禁锢，缺乏独立思考能力与创新能力。因此，发展学生的思维能力是体育课堂有效互动的重要任务。思维是把体育与健康知识、运动技能转化为能力与智慧的"助产师"，思维能力的发展也是学生智力发展的核心和极其重要的标志。

从本质上来说，中学体育课堂有效互动教学就是师生、生生思维双向甚至多向活动的过程。中学体育课堂有效互动教学的重点之一，就是引导学生积极思维，发展学生发现问题和解决问题的能力，尤其培养学生的创造性思维。

在中学体育课有效互动教学中遵循思维性原则，教师应该做到以下几个方面：①体育教师应培养学生在思考中建构知识与技能的能力。在体育课堂互动中，教师结合体育学科本身特点，有意识地培养学生动脑学习的习惯，以突破他们以前"接受式"的思维定式。要求学生不要死记硬背体育与健康知识、运动技能，提倡理解性地去熟记知识与技能，同时还要做到在比赛与练习中灵活运用技术与战术。②体育教师在体育课堂互动教学中应对各种体育教材内容进行补充与拓展，构建体育与健康知识、运动技能和探索性知识相结合的体育课互动教学体系，加强学生创造性思维的培养。③体育教师在课堂互动中要设置层层疑问，将静态知识技能变为动态的问题，引导学生积极思考，深入探讨，强化学生的思维过程，采取开放式的互动方式，给予学生思维自由、发言自由和动作展现的自由，不强求所有动作完全一致，把体育课堂变为全体学生思维的活动场与运动技能的表演场，实现学生"跳一跳能摘到桃子"的目标。

六、情感性原则

教育心理学认为，课堂教学是师生、生生心理交往、互动的过程，也是情感交往和互动的过程。因此，在中学体育课堂教学中，单纯的体育与健康知识、运动技能等认知方面的互动并不能有效地发展学生高层次思维，只有以积极的情感互动带动高层次的认知互动，才能有效促进学生体育与健康知识、运动技能、情感、态度、价值观以及高层次思维等全面素质的提高。心理学家威廉·詹姆士的研究也证明，一个人如果没有受到情感激励，其仅有20%～30%的能力能得到发挥，而当他受到情感激励时，其80%～90%的能力可以得到发挥，换言之，同样一个人当受到充分的情感激励后，所发挥的作用相当于激励前的3～4倍。情感是课堂认知活动的动力与润滑剂，情感缺失的课堂教学必然会导致教育的失败。因此，在体育课堂互动教学中，教师唯有加强自身情感的投入，对学生给予充分的情感激励，才能最大限度地调动学生学习的积极性。体育课堂互动教学情感性更加突出，教师在体育课堂互动中伴随着真挚的情感，恰当运用眼神、手势、表情、声调等非言语互动手段，并辅之以风趣幽默的语言，做到晓之以理，动之以情，并以"乐教"的形式来感染和鼓励学生的"乐学"，创造出融洽而和谐的体育课堂互动氛围，从而提高学生学习、互动的积极性和主动性，进一步促进双方相互理解，真正做到情感交融与互动，真正促进师生、生生之间的有效互动。

对于学生来讲，中学体育课堂有效互动是一种特殊的生命历程，他们在互动中不断体验到学习的乐趣、成功的体验和生命成长的幸福。所以，情感体验是体育课堂有效互动的一个重要的环节。情感性原则要求体育教师在课堂有效互动中要做到以下几点：①实施情感性原则要求体育教师在中学体育课堂活动中要始终保持满腔的热情。教师以自己的情绪和状态来感染、带动学生的学习态度和情感状态，以情育情，激发学生的学习热情，在课堂互动中不仅有体育与健康知识、运动技能的传递和思想的交流，还充满情感的互动，教师不仅是学生的良师，还是益友。②实施情感性原则，体育教师应努力营造让每个学生都有成功体验的情感课堂，针对不同情况的学生，耐心地做到因材施教，激发他们对学习的积极态度与情感，使他们在各自水平上都有成功体验。③实施情感性原则，体育教师积极、主动地挖掘体育教材中所蕴藏的丰富的情感因素。在体育课堂互动中，教师通过创设适宜的课堂互动情景，将体育学科独特的知识与运动技能展现给学生，让学生在互动、交流中感受到体育教师的人格魅力和体育学科魅力，从而体验到学习的快乐，并把学习、互动过程看成是一个发现体育美、感受体育美、欣赏体育美的过程。④实施情感性原则，体育教师必须充分认识到情感与创新思维的练习。在体育课堂充满激情的互动中往往会激发出学生源源不断的奇思妙想，而这些奇思妙想恰恰就是培养学生创新力的重要源泉。因此，情感互动教学是体育教师培养学生创造性思维的一个重要途径。

七、生成性原则

生成性是课堂教学的灵魂，也是课堂教学的本质。生成性原则主要是指有效互动的体育课堂是焕发生命活力的精彩课堂，每堂课都是不可重复的激情与智慧互动生成的过程，在这个互动过程中，学生实现了体育与健康知识、运动技能的建构和自我情感、态度、价值观等发展的飞跃。

中学体育课堂有效互动从设计到实施虽然都有科学的预设和整体的规划，具有计划性，但是没有限制其生成性，整个互动教学过程并不是完全依据预设的互动目标来设计机械的"流水线"式的互动流程，而是不断地变化、层层推进，并蕴含着潜在的、无限的教学契机。学生在互动过程中思维活跃，有强烈的探究欲望，依据教师创设的互动情景与同学交流与互动，结合自己的生活经验建构新的体育与健康知识和运动技能，并在练习与比赛中灵活运用，有所创新。

中学体育课堂有效互动教学是互动生成的中学体育课堂教学，它始终处于一种变动的状态。在体育课堂有效互动中，师生、生生间的言语对话和非言语交流并不是事先预演好的，教师根据互动的情景，选择互动的类型和手段，根据学生的学习情况或教学中出现的意外情况，及时调整课堂互动的过程，应学生而动，应情况而变，及时捕捉稍纵即逝的教育契机，使学生在思维飞扬的空间中始终保持探究的积极性，实现对体育知识与技能的建构，实现情感的升华，使体育课堂在有效互动中焕发出勃勃生机。

遵循生成性原则，体育教师应做到以下几点：①创设适宜学生新知识与运动技能生成的互动氛围，促进学生运动技能的生成与建构。学生新知识与运动技能的生成也离不开和谐的师生关系和轻松的课堂互动氛围。体育教师在课堂互动中必须努力创设轻松、和谐的课堂互动氛围，让学生可以毫无顾忌地发表自己的见解，与人互动，教师及时对学生学习情况做出判断、选择、补充，并引导学生思维层层推进，最终学生能根据自己已有的体育与健康知识和运动技能基础，灵活地选择与处理来自老师与同学的体育与健康知识和运动技能信息，生成与建构新的体育与健康知识和运动技能。②善于捕捉、利用有价值的生成资源。在日常体育教学活动中有许多生成资源，体育教师在体育课堂互动中，针对出现的学生疑问、学生体验、学生出错、教师失误以及课堂意外事件等生成资源，要做出及时判断与选择，充分利用有价值的生成资源，做到善用启发策略、巧用学生错误、正确对待自己的失误、倾听学生的心声以及直面意外事件，这有助于加深学生对新的体育与健康知识和运动技能建构过程的印象，有助于内化与提升学生积极健康的情感体验，有助于转换学生的思维方式，使体育课堂互动过程更加真实、精彩、有效。

八、发展性原则

中学体育课堂教学将发展性作为衡量中学体育课堂互动有效性的标准之一。所谓发展性原则，就是在中学体育课堂有效互动教学中，教师以促进学生自主和全面发展为中学体育课堂互动的出发点和落脚点，充分发挥中学体育课堂教学的发展功能，使学生在中学体育课堂互动中获得最大程度的发展。另一方面，教师在中学体育课堂互动过程中伴随着学生的发展而实现自身专业化的发展，最终达到教学相长。

中学体育课堂有效互动遵循发展性原则，要求体育教师做到以下几个方面：①树立以人的发展为内涵的三个体育课堂互动教学观：其一，体育课堂互动教学是促进学生发展的体育课堂互动教学的本质观。其二，体育课堂互动教学的价值在于促进学生发展的互动教学价值观。其三，促进人人发展与进步的体育课堂互动教学的质量观。②促进学生自主发展和全面发展。教师在中学体育课堂上通过互动引导学生自主学习、探究学习、合作学习，逐步实现学生自主发展；随着学生学习历程的不断深化，学生也逐渐实现运动参与、体育与健康知识、运动技能、身体健康、心理健康与社会适应的全面发展，当然学生身体健康、心理健康与社会适应的发展不是一朝一夕的，更不是一堂体育课能解决的。③尊重学生个性，促进其多种能力的发展。在中学体育课堂中，让学生充分展示自己的个性，体验成功的快乐，并通过师生、生生间的交流与互动，借鉴他人智慧，完善自我个性，提高自己发现问题、解决问题的能力。④促进体育教师专业化的发展。体育教师在长期教学实践中要不断学习、总结经验，吸收与内化先进体育理论知识，提高自身专业素养，同时在与学生交流互动中也要不断提高自己的教学机智，丰富自己的体育专业知识，从而进一步加快自身专业化发展。

第三节　中学体育课堂有效互动的特征

一、互为主体性与公平性共融

在中学体育课堂有效互动中，作为教育主体的体育教师与作为教育主体的学生之间精神世界是敞开的，是可以直接沟通的。他们都把对方视为平等的主体，也就是德国哲学家埃德蒙德·胡塞尔（Edmund Husserl）所说的"交互主体性"，亦称"主体间性"。

中学体育课堂有效互动区别于传统控制性的中学体育课堂教学的显著特征是教师与学生、学生与学生间的关系已不是传统体育课堂教学中的"我"和"他"，即"主体—客体"的关系，而是全新的"我"和"你"的关系，即"主体—主体"的关系，体现了主体间性。主体间性是师生、生生平等的前提，是师生、生生走向平等、民主、和谐的根本理论前提。在传统"主—客"模式的体育课堂教学中，体育教师认为除"我"之外的所有一切都是可以控制、占有、改造的对象，师生之间呈现的是"我"和"他"的关系。在这种师生关系下的教学，体育教师在言语和行为等方面，往往以强势的身份出现，在整个教学过程中对学生形成一种占有、控制。把学生看作一个容器，不断强制性地向其灌输体育与健康知识、运动技能以及自己的情感、价值观等。这种主宰性的体育课堂教学，师生、生生之间无法达到精神上的沟通。这一切的根源在于体育教师的脑海里有一种根深蒂固的师生主客二元思想，即认为学生就是任由教师改造的客体。因此，"我—他"之间不平等的关系是无法实现体育课堂有效互动的，真正的体育课堂有效互动只可能发生在"我—你"关系之间。在"我—你"关系的体育课堂师生、生生互动中，体育教师与学生人格上是完全平等的，而不是可控制、可改造的对象，是与"我"共同探讨对话中的"你"，真诚地沟通交流中的"你"，是一种真正、平等的"参与—合作"关系，在共享中促进共同发展。正如苏霍姆林斯基所说的那样，"在每个孩子心里最隐秘的角落，都有一根独特的琴弦，拨动它就会发出一种特有的声响，要使孩子的心跟我讲的话产生共鸣，我自己就要与孩子的心弦对准音调"。主体间的平等关系是体育课堂有效互动的必要前提条件。

体育课堂有效互动还体现了体育课堂互动的公平性。在以前的传统型课堂教学中，体育教师往往会喜欢运动技能好的学生，一堂课下来就只跟那几个运动技能好的学生互动，忽略了其他学生的感受，这种局部互动的课堂教学只有小部分学生掌握了体育知识与运动技能，这种互动是不公平的，根本谈不上是有效互动，真正有效的课堂互动是建立在所有人有效互动的基础上，体育教师关注到课堂教学中每个对象，能为每个学生创造出参与互动的条件，并基本做到互动机会均等，不搞垄断式互动，能承认并尊重学生的差异，互动时关照到每个有差别的学生，实行分层教学，不搞"一刀切"，调动他们的积极性、主动性，并让他们在互动中学有所获，体会到成功的体验，产生愉悦感。

主体间性与公平性是体育课堂有效互动中两个必不可少的特征，主体间性是有效互动的前提条件，公平性是有效互动的过程体现。两者相辅相成，互相促进。

二、交互性与连续性共融

互动是互动主体间的一种交互影响和相互作用，并且总是能基于对方的行为来做出自己的反应。互动也是人类社会与个体存在与发展的基础。社会中任何个人都无法单个、孤立的存在，需要通过与周围的人和物相互影响与作用，社会就是人们长期交互作用的产物，因此，社会具有交互性的特征。交互性是传统体育课堂互动教学不具有的特征，在传统体育课堂互动中，体育教师努力地向学生传授体育与健康知识和运动技能，并告诉学生什么是正确的，在一定程度上控制着学生的行为，这种课堂教学过程几乎都是教师对学生的单向影响过程，不存在双方间的交互。而在体育课堂有效互动中，一方面，教师的体育与健康知识、运动技能以及一些行为、举止都会对学生产生很大影响，学生一般会依据教师的要求来规范自己的行为，从而提高自己各方面的能力；另一方面，学生在课堂表现出来的体育与健康知识、运动技能以及行为举止同样会对教师产生很大影响，教师在这一过程中要依据学生的表现不断调整教学过程，努力做到因材施教，当然，这种师生影响是双向交互的、连续的、循环的，它贯穿了整堂课，甚至从课内延伸到课外，从一堂课延伸到另一堂课，是一个交互的循环过程。体育课堂有效互动正是在师生、生生之间连续不断的交互影响与作用过程中形成发展的。师生在体育课堂有效互动中积极、主动地调整彼此特别是自己的行为举止，提高自己的体育知识与运动技能，相互促进，形成良好的课堂互动效果。就像苏格拉底所主张的教育并不是知者随便带动无知者，而是师生共同寻求真理，并在这个过程中互相帮助、互相影响、互相促进。

交互性与连续性都是体育课堂有效互动重要的特征之一，短暂且缺少连续性的交互作用形成不了有效的互动，缺乏交互作用的连续性单向影响也同样不是有效互动。只有同时拥有交互性与连续性的体育课堂才有可能形成有效互动。

三、建构性与指导性共融

课堂生活永远是学生自己的生活，学生只有真正成为课堂生活的主人，才能懂得自主学习，才能充分发挥自己的积极性、能动性。著名心理学家维果斯基（Lev Vygotsky）开创的"社会建构主义"理论符合新课改的理念，凸显学生在课堂学习中的主体地位，尊重个体认识的差异并张扬学生个性，高度重视具体情境下主动建构与灵活运用知识与技能，是一种极富人文性的教育理论。中学体育课堂有效互动也强调有一定独立思考能力的中学生要完全摆脱依赖教师的灌输式教学，要学会在和他人（老师、同学）的交流、互动之中，主动建构自己的认识和技能。这种体育与健康知识和运动技能的建构活动是在体育文化的背景之中，通过个人的认知活动与体育文化情境的交互作用而形成的。每个人都以自己的方式理解体育与健康知识、运动技能，以自己的方式来建构体育与健康知识和运动技能的意义，不同的人理解体育与健康知识和运动技能的角度是不同的，这种的建构不存在毫无客观差异的统一标准。"有效互动中建构"改变了以往中学体育课堂教学中"我讲你听、单向灌输"的局面，一定程度上培养了学生的自主能动性，也在一定程度上活跃了中学体育课堂教学的气氛，当然，学生在主动建构其体育与健康知识和运动技能的过程中，必须与他人（老师、同学）进行合作、交流、互动，在这样一种良好的互动环境中，学生不仅可以开阔自己的视野，也能帮助自己对体育与健康知识、运动技能的建构，有时甚至可以超越自己的认识，更加全面深刻地理解体育与健康知识和运动技能，并进行重新建构。在中学体育课堂有效互动过程中，学生是主体建构者，教师作为学生学习过程的指导者、组织者、促进者，学生的自我建构性和教师的指导性是否存在矛盾？建构性与指导性能否相容？在中学体育课堂有效互动教学中，学生的自我建构性和教师的指导性是相辅相成、互为支撑的。即便在"消解一切可消解"的后现代话语中，教师的指导性仍然没有消解，也不可能消解。在中学体育课堂有效互动的环境中，教师的指导地位是不可动摇的。如果教师在中学体育课堂有效互动中失去了指导性，那么教师的作用、意义何在？教师的本质属性何在？教师还是教师吗？如果教师对学生什么也不教，任由学生自由发展，学生的课堂学习就变成了学生的自学，那么师生关系也没有存在意义了。比如说游泳和足球两个教学内容，在学习的开始阶段依赖教师的示范讲解，练习中则要及时纠正与提示。在中学体育课堂有效互动教学中，没有教师指导的学生的自我建构是不负责任的建构，有了指导性才能谈建构性，自我建构的实现又使指导性作用发挥的更加准确、到位。借用支架式教学理论可以形象地说明建构性与指导性相结合的中学体育课堂互动教学的必要性。教师首先按照学生运动智力的"最邻近发展区"为学生搭建体育与健康知识和运动技能的学习支架，通过支架（教师的帮助与引导）把管理调控学习的任务逐渐由教师向学生转移，然后逐步撤掉支架，让学生学会自主探索学习，真正做到指导走在建构的前面，学生能够掌握和内化更高级的体育与健康知识和运动技能，最终脱离支架也可以独立建构新的体育与健康知识和运动技能的。在中学体育课堂有效互动教学中，我们一定要把握好学生自我建构性与教师指导性的辩证关系，使建构性和指导性在互动中融合共生，互相滋养。

四、非言语行为作用显著性与情感突出性

在教学过程中师生间的言语行为是主要的互动手段，非言语行为的作用往往被忽略。白居易《琵琶行》里的诗句"此时无声胜有声"表达了非言语行为具有言语不可替代的独特作用。有研究表明，非言语行为展示人的内心世界的效

果是言语行为的五倍。在现代课堂教学中非言语手段的运用情况将会直接影响课堂教学的效率，尤其是在"动教"大于"说教"的体育课堂教学中，光有生动的讲解是不够的，更重要的是精彩的示范，它可使讲解更加有效。中学体育课堂教学是一种直观性教学，强调的是"精讲多练"，通过动作示范帮助学生建立运动表象，更多利用眼神、手势、姿势、人际距离以及辅助语言和类语言等非言语行为与学生进行互动，激活学生们参与体育课堂互动的积极情绪，促进师生情感交流，突出和强化教学重点与难点，增强教学内容的感染力，提升学生对教材内容的理解和感知效果，加深学生对体育知识、运动技能的理解，优化体育课堂互动的组织与管理，实现中学体育课堂教学效果的最优化。如中学篮球课中单手肩上投篮教学，在练习过程中，许多学生做投篮动作时会忘记抬臂或压腕，老师可以站在学生对面，用手势来提醒他们，这往往起到事半功倍的作用。

出色的课堂教学离不开相互理解和信任的师生关系，离不开和谐、安全的课堂氛围。在这种氛围中，全体成员积极、主动地参与，围绕教学目标发生实质性互动，引起师生思想和情感上的共鸣，最终体验到成功的愉悦。同时，中学体育课堂有效互动中的情感性更为突出。一般的"文化课堂"教学内容以内隐的"认知性知识"为主，这导致了教师以中性的"思维引导"来帮助学生解决问题。而中学体育课教学内容则是以外显的"操作性知识"为主，教师与学生互动时，除了要有思维的引导，更多的还要加以"情感鼓励"。这种"情感鼓励"在学生学习过程中往往起到至关重要的作用。例如，在跨栏教学中，体育教师为了让那些胆小的女生最终跨过第一个栏，除了动作示范外，更要给她言语鼓励，诸如"加油""大胆点，你肯定行"等。实践经验证明，在中学体育课堂互动教学中，"情感鼓励"往往比"思维引导"效果更好。

一言概之，非言语行为作用显著性与情感突出性是中学体育课堂有效互动的两个特征。其中，非言语行为是情感性的外在表现，而情感性则是非言语行为的内涵基础。

五、组织化与非组织化共融

中学体育课堂有效互动是组织化与非组织化并存的互动，并同时具有组织化与非组织化这两个特征，两者缺一不可，你中有我，我中有你，并且非组织化始终贯穿于组织化当中。就表现的形态而言，中学体育课堂有效互动具有组织化特征。因为，体育课堂互动是体育课堂中师生、生生间的人际互动。从制度化角度而言，体育课堂中师生关系是一种正式的组织关系，其中，体育教师是课堂互动的引导者和组织者；而学生是被组织者与被引导者。另外，就体育课而言，最初的体育本身就是"游戏"，因此，体育课本身就有明确的"游戏规则"，体育课堂中师生、生生间的互动通常都有明确的互动目标，并会在一定的"游戏规则"下，为了达成预定的互动目标而有目的、有组织的进行。组织化的课堂互动是有利于体育知识与运动技能的传授、学生能力的训练，以及教师对体育课堂的控制与管理，但不利于师生、生生间情感及时的沟通与交流，缺乏对学生各种表现回应的随机性与灵活性，不能更好地促进学生心理健康与社会适应以及健康人格的培养等。正因为如此，中学体育课堂有效互动又有着大量的非组织化的互动，换句话说，中学体育课堂有效互动还具有不可忽视的非组织化特征。与一般的文化课堂固定的空间相比，体育课堂空间是开放的、动态的，而且处于经常变化中，因此，学生的课堂空间位置也在不断地变化，学生分组练习，教师无法做到面面俱到，只能分配常规性任务，进行有针对性的指导，这样，师生、生生间就会有许多的非正式组织关系，因而产生大量的非正式组织的互动，这些非正式组织的师生、生生互动为师生、生生间更充分、更有效的体育与健康知识和运动技能传授、情感交流以及人格熏陶等创造了有利条件。对于体育教师而言，巧妙运用中学体育课堂有效互动的这两特征，可以让学生在互动中体会不同的角色扮演，更好地促进其社会化发展②，并能取得更好的课堂互动效果。

六、多样性、合理性与高效性共融

在一般文化课堂互动过程中，课堂互动主体基本由教师、学生个体、全班学生构成。互动类型则基本上以教师和全班学生互动、教师和学生个体互动为主，教师和学生小组、学生之间的互动所占比例很小。尤其在学生之间互动中，主要是学生小组和学生个体的互动，学生个体之间的互动十分少，学生小组和学生个体之间以及学生小组和小组之间的互动则几乎可以忽略不计。互动行为以言语行为为主导，不同主体之间基本上是以言语符号为媒介进行互动的，非言语行为被很大部分教师所忽略，而且互动行为的发起者多为教师。互动角色类型基本以教师型教师与学生型学生为主。然而，与单调的一般文化课堂互动相比，中学体育课堂有效互动的主体、类型、行为与角色则显得丰富得多了。首先，从课堂互动主体来看，中学体育课堂有效互动的主体有教师、学生个体、学生小组、全班学生，呈现多元化。其次，从课堂互动类型看，中学体育课堂有效互动类型丰富多彩，既有师生互动，也有生生互动。师生互动中包括教师与学生个体互动、教师与学生小组互动以及教师与全班学生互动；生生互动包括学生与学生个体互动、学生个体与学生小组互动、学生个体与全班学生以及学生小组与学生小组互动，不同类型互动的运用是根据不同课堂互动情景的需要而进行自然的转换。第三，从互动行为的使用来看，非言语行为是中学体育有效互动课堂主体必备的互动行为之一，拥有和言语行为同等重要的位置。缺少非言语行为的体育课很难称得上"真正的体育课"。而从互动行为的发起者来看，中学体育课堂有效互动既有教师发起的互动行为，也有学生发起的互动行为，基本比较均衡，而且根据中学体育课的情景需要决定使用类型。第四，从互动的角色看，许多教学目标的达成需要师生完成不同角色的扮演。既有教师型教师和学生型学生，也有学生型教师与教师型学生。甚至在某些情景中师生有时扮演着竞争者或合作者来进行互动。如各种集体性项目的学习，离开师生、生生之间的合作或竞争，练习或比赛几乎就无法进行。中学体育有效课堂互动的多样性特征表明其本身就是一个天然蕴含着极其丰富互动的教育场所。所以，在中学体育课堂有效互动中，才会经常出现学生随时要面临怎样适应"社会"的问题。

与一般的体育课堂互动过程相比，中学体育课堂有效互动过程更凸显其合理性与高效性。合理性与高效性主要体现在以下几个方面：①中学体育课堂教学过程中，师生根据课堂教学的实际需要合理选择互动时机。例如，学生在学习运动技能时遇到自己难以解决的问题，教师应适时地给予引导与启发，让学生能继续学习，并高效地掌握运动技能。②中学体育课堂教学过程中，无论师生物理空间位置如何变化，师生之间的物理空间距离始终都比较合理，教师与每个学生都一直保持一种亲近感，并兼顾到他们每个人的互动权利与机会，这有利于全面、高效地达成互动目标。③中学体育课堂互动的内容结构合理、内容总量与难度适中、有效内容量大。中学体育课堂有效互动的内容包含体育与健康知识和运动技能、思想、情感、人格等，呈现多元化，结构均衡且合理；在中学体育课堂有效互动的内容量选择上，考虑到中学生身心特点以及所能承受的运动负荷量，总量适中、合理，让学生既不会感觉没学到东西，又不会感觉量太大、很吃力、注意力容易溃散、无法坚持；中学体育课堂有效互动的内容难度是根据维果茨基的最近发展区理论，把互动内容设计得有一定难度，且难度略高于学生目前的现有水平和发展速度，多数学生只要通过与教师或同学互动，自己再付出一定的努力（而不是不付出任何努力）能够顺利达成互动目标，因此，互动内容难度适中；中学体育课堂互动内容总量不等于体育课堂互动有效内容量，即学生体育与健康知识、运动技能的增长量，当中学体育课堂互动内容（体育与健康知识、运动技能）发生迁移，并内化为学生的体育与健康知识、运动技能时，这部分的体育课堂互动内容才是真正有效内容，在中学体育课堂有效互动中，有效内容量大。④中学体育课堂互动过程中，师生能根据互动目标的难易程度合理选择互动时间的长短；师生能根据课的类型或教材特点合理选择互动的频率，灵活运用言语与非言语手段，合理选择互动的类型，有效完成互动目标。⑤高效性，即高效地利用时间，是中学体育课堂有效互动的一个重要特征，区别于普通体育课堂教学的重要标志。中学体育课堂有效互动过程中，教师善于创设能激发学生学习兴趣互动的情景，从而提高学生学习效率，做到短时间内能完成互动目标；互动活动直接指向互动内容，避免偏离互动主题的闲扯，减少用于课堂组织管理的时间，减少无谓的时间浪费，增加课堂有效互动的时间。

多样性、合理性与高效性都是中学体育课堂有效互动过程必备的特征，三者能共融共存，并能相互促进，相辅相成。

七、弹性预设与动态生成性共融

体育课要有一个清晰的设计与合理的安排，当然，课堂互动也是要有所准备的。《礼记·中庸》有云：凡事预则立，不预则废。因此，中学体育课堂互动要以预设为基础，体育课堂有效互动也要重视预设。

中学体育课堂有效互动还是一种师生共同建构和生成体育知识与运动技能的体验性过程，是一个师生、生生积极合作和不断交流努力实现"视界融合"的过程。这就决定了中学体育课堂有效互动并不是一个静态的，或是机械的过程，更不是按照事先预设一成不变地实施的过程，而是一个动态的、发展的过程。这个互动过程既有一定规律可循，又有灵活的生成性和不可预知性。体育课堂教学活动是一个有计划、有组织、有目的的活动。

与一般体育课堂教学相比，一方面，中学体育课堂有效互动预设更具有弹性。在传统体育课堂教学中，教师是一成不变地按照教案的精心预设进行教学，对体育课堂教学过程中意外生成的资源置之不理、忽略不计、完全限制、抑制甚至是扼杀了学生的创造力。中学体育课堂有效互动首先对互动目标要有"弹性设计"，即表现为各个层次和各个类型。这既考虑到了学生之间的差异性，也考虑到预期目标与实际结果之间可能存在的差异。其次对互动过程也进行了弹性化设计。换言之，互动过程的设计也要有"弹性区间"，表现为过程设计重在互动情景创设、如何导入、怎样推进、如何解决问题等大致过程上，至于互动中教师与学生的具体的言语、行为、方式等细节问题，则不必做硬性要求，只要设计出大体思路或者多套备用方案，以作灵活处理。另一方面，体育课堂有效互动更突显动态生成性，再精心的预设也无法预知整个精彩课堂的全部细节。因为课堂互动的空间位置在变化，互动的情境在变化，教师与学生的情感、态度在变化，课堂互动的效率、效果也在变化。同时课堂情景是极其复杂的，是动态变化的，即使教师经过精心的预设，也难以预计到课堂中会出现的各种各样的情况和事件。一个真实的课堂教学过程是一个师生、生生以及多方面因素间动态的相互作用、共同推进的过程。因为，实际的课堂教学过程要远比预设的过程生动、活泼、丰富多彩。在课堂中从教到学，再到学生全面发展的过程本身就是一个动态变化和不断生成的过程，教师要真正认识到学生发展的各种生命需要及主动参与课堂教学活动和成长的可能，重视并深入研究这课堂教学的生成过程，使课堂教学过程焕发出生命的活力。因此，体育课堂有效互动是动态生成的互动，而不是教师按预设"走教案"的互动。

弹性预设性与动态生成性是中学体育课堂有效互动教学的两个重要特征，两者同等重要，偏一不可。弹性预设是课堂动态生成的前提，如果抛弃了弹性预设，而一味地追求课堂动态生成，这就偏离了中学体育课堂教学生成的本质，很难取得良好的效果。同样，没有动态生成的体育课堂互动教学缺乏生动、精彩、真实的课堂互动，是扼杀学生想象力、创造力的课堂互动，也是不成功的课堂互动。而真正有效的中学体育课堂互动应是弹性预设与动态生成的辩证统一。课堂有效互动既需要弹性预设，也需要互动生成，一方面，弹性预设限制着动态生成，动态生成也反作用于弹性预设。另一方面，弹性预设，使生成更富有空间、更具有方向性与实效性。换言之，弹性预设是传授体育知识与运动技能的行为准备，生成是重新建构新体育与健康知识和运动技能活动过程，两者相互依存、相互补充、相辅相成，两者是辩证统一的。总的来说，中学体育课堂的有效互动过程是基于弹性预设的动态生成过程，应在弹性预设的基础上捕捉动态生成，主动建构新体育与健康知识、运动技能，凸显体育课堂有效互动的动态生成性，从而实现师生生命在体育课堂互动中的真正生长与涌动，此乃对传统体育课堂教学理念的一种超越，更是对中学体育课堂教学新理念的一种诠释。

八、互动效果多元性与信息及时反馈性共融

与一般课堂互动教学过程相比，中学体育课堂有效互动教学过程除了重视认知、情感互动，更突出身体的活动性。学生在课堂教学过程中的互动行为主要以外显的身体练习为主，因此学生必然要承受一定的身体负荷量，长此以往，这种有效互动教学肯定对学生身体健康有一定积极作用。这是一般课堂互动教学所没有的效果。与那些以传授体育知识与运动技能为主的体育课堂教学相比，体育课堂有效互动更具有多元性。在体育课堂有效互动中，学生不仅要分析、加工、建构来自互动对象一方与体育与健康知识、运动技能有关的"认知性"信息，而且还要分析、加工、建构来自互动对象一方与情感、态度、价值观、意志等有关的"非认知性"信息。因此，中学体育课堂有效互动必然对学生的运动参与、体育与健康知识、运动技能、心理健康都有相应的促进作用。此外，由于体育运动多数需要集体合作，所以，中学体育课堂有效互动过

程中，学生的人际交往、社会适应等能力也得到提高。由此看来，中学体育课堂有效互动的长期效果不仅能使学生身体健康发展，而且还能在一定程度上使其认知因素和非认知因素同时得到发展。换言之，中学体育课堂有效互动长期效果可以使学生运动参与、体育与健康知识、运动技能、身体健康、心理健康与社会适应等各方面得到全面促进与发展。

中学体育课堂有效互动与一般课堂有效互动还有一个具有显著差异的特征，那就是互动主体行为的外显性。在一般课堂有效互动中，每个学生对知识的掌握与没掌握不是教师马上就能看出来的，而在体育课堂有效互动中，教师看到学生的外显行为，就能够立即知道学生掌握运动技能的情况以及互动的整体效果，马上做出反应、评价、建议，及时调整课堂互动的过程，以便更好地进行课堂教学。当然，学生也能立即知道教师在某一项目上的运动技能水平，如果教师表现出运动技能强的话还会立即带来积极的影响，但如果教师在该项目上技能展现中表现不理想的话，在一定程度上立即就会给体育课堂互动的运行带来消极影响。同时，对于"部分体育差生"来讲，动作的外显性使他们害怕遭到讥笑而不愿意继续练习，这对于课堂整体教学效果有很大的消极影响。毋庸置疑，从课堂互动信息反馈的视角来看，体育课堂中的有效互动是一种信息及时反馈的互动。

中学体育课堂有效互动的信息反馈及时性特征既具有积极性影响的一面，也有其消极影响的一面，因此体育教师要有课堂教学的艺术性，学会扬长避短，多利用体育课堂有效互动信息反馈即时性的优势，尽量减少反馈及时性带来的消极影响，更好地促进课堂有效互动，以便取得多元的课堂互动效果。

第四节　中学体育课堂有效互动的模式

一、中学体育课堂有效互动模式的指导思想

中学体育课堂有效互动的指导思想体现了教学模式的理论性。由于中学体育课有效互动是中学体育课堂有效教学的本质，所以，中学体育课堂有效教学的指导思想就是中学体育课堂有效互动的指导思想。其表现为有效率、有效果、有效益的体育教学，即有效促进学生运动参与、体育与健康知识和运动技能、身体健康、心理健康和社会适应以及情感、态度、价值观等方面获得全面发展。首先教师要树立现代科学的教学观。传统的体育课堂教学是以课堂控制为指导思想，教师崇尚"满堂灌"的教学观，并简单认为体育课堂教学就是把体育知识与运动技能传授给学生。师生之间缺乏情感交流，学生俨然成了体育知识与运动技能的接收器，课堂教学过程见物不见人，学生喜欢体育，但不喜欢体育课，而且体育课堂教学效率低下，效果不好。在这种教学观的指导下，体育课堂互动模式多采用单向课堂互动模式。20世纪80年代以后，随着国外一些先进的教学观的传入，人们开始反思传统教学观的弊端，认识到单向灌输式教学忽视了学生的能动性与主体性，并提出"尊重学生，以学生发展为中心"的指导思想，人们对体育课堂教学认识从"体育课堂中师生双边活动的教学观"到"不仅是体育课堂中师生之间的双边活动，还是师生、生生间多边互动的统一体的教学观"不断深入的过程。这种教学观把体育课堂互动置于更为广阔的人际背景下，充分利用了体育课堂中的人力资源，形成体育课堂信息互动的立体网状通道，最大程度提高了体育课堂互动的有效性。由此可见，随着现代教学观科学化进程的日益深入，人们对体育课堂有效互动模式的认识也在不断地深入与发展。因此，现代科学的教学观指引着体育课堂有效互动模式不断向前发

展。现代科学的师生观是体育课堂有效互动的重要理论基础之一。现代科学的师生观认为，体育课堂有效互动是体育课堂中师生、生生间多边多向的信息互动。在此过程中，在教师正确引导与帮助下学生发挥自己的主体性、能动性以及创造性，并建构体育与健康知识和运动技能。要实现体育课堂有效互动，现代科学的师生观认为：在体育课堂互动中，师生关系互为主体，师生之间是平等、民主、和谐的。体育教师要尊重学生的人格和个性特征。当代心理学家强调，尊重人的独立人格和个性特征是每个人在人生发展的各个阶段不可缺少的，也是无法替代的基本心理需要。所以，尊重学生独立人格与个性特征是体育课堂有效互动的基本前提条件之一。要发挥学生的创造力，促进课堂动态生成与体育课堂互动信息传输同步进行，并结合起来，以实现体育课堂互动的真实和精彩，实现体育课堂互动信息量的增加，从而使体育课堂互动更加合理、有效地进行。

二、中学体育课堂有效互动模式的过程结构

课堂互动活动既是课堂教学有效实施过程的重要环节，也是一种发生在课堂教学中信息互动。从课堂教学结构来看，课堂互动包括教师、学生、教学内容和教学媒介四大要素，也可说是包括互动信息发送者、互动信息的接受者、互动的信息内容和互动的媒体。其中，教师与学生既是信息的发送者，也是信息的接受者，两者的角色可以不断地转换；课堂中师生、生生互动的信息内容包括知识、技能以及师生的情感、态度、价值观等；课堂互动的媒介是师生、生生进行信息传送的中介或渠道，包括师生的言语与非言语手段。尽管在不同教学观与师生观的指导下课堂互动结构模式的具体形式有所区别，但都包含了这四大要素。其中，互动信息的发出者和互动信息的接受者是课堂互动结构要素的核心，两者间的相互关系在某种程度上决定了体育课堂互动的效果，互动的信息内容和互动的媒体借助两个核心要素也发挥着重要的作用。所以，要想取得课堂有效互动，要

协调好四个要素之间的关系，重点促进两个核心要素间多向、有效的互动。

（一）中学体育课堂有效互动的信源

中学体育课堂有效的信源是信息的发送者，即教师或学生。体育课堂互动中以师生互动为主，生生互动为辅，所以，信息发送者主要为教师，教师是主要的信源。作为体育课堂有效互动的信源首先要了解学生的认知、行为、情感的水平以及个体差异状况，把体育课堂教学内容加工、改造为体育课堂互动的有效信息内容，并对体育课堂互动做出科学、全面、合理、弹性的设计；其次，信源应创设互动的情境，合理选择互动时机，平等、民主地对待学生，积极、主动、全身心地投入互动中，做到晓之以理，动之以情，能合理、灵活的运用互动技巧，即使遇到意外事件的干扰，也能有效利用生成的信息资源，促进中学体育课堂有效互动。

（二）中学体育课堂有效互动的信宿

中学体育课堂有效互动的信宿是信息的接受者，即学生或教师。一般而言，信息的接受者大部分是学生，学生是主要的信宿。当然，中学体育课堂有效互动的信宿首先要积极、主动地接受信源（教师或学生）的互动信息（体育与健康知识和运动技能、情感态度、价值观等），并通过译码，即及时理解、内化、最终形成意义建构；其次，信宿选择言语或非言语符号及时反馈给信源。

（三）中学体育课堂有效互动的信息内容

中学体育课堂有效互动的信息内容包括体育与健康知识和运动技能、情感、态度、价值观等。经过教师加工、改造的信息内容应该符合学生的认知基础、运动技能基础以及学生的兴趣，考虑到学生的差异性，信息内容量应适中。

（四）中学体育课堂有效互动的信道、信号

从信道来看，与其他学科课堂有效互动信道相比，中学体育课堂具有鲜明

的学科特征，中学体育课堂有效互动的信道是声音与视觉通道的有机组合。中学体育课堂有效互动的信号是指中学体育课堂有效互动中所运用的符号系统。师生、生生有效课堂互动的符号系统主要包括两大类：①言语符号系统。包括讲解、指令、提问、应答、讨论、表扬、批评、评价等，言语符号系统主要运用听觉系统。②非言语符号系统。包括示范动作、手势、面部表情、眼神、声调、体态语言和空间距离等，非言语系统综合运用了视觉、动觉以及听觉系统。在体育课堂有效互动中，师生、生生的信息互动主要以视觉、听觉为主，辅以动觉，三者协调配合，并根据体育课的类型和教材特点合理、灵活选择互动的符号系统，才能有效达成预期课堂教学目标。

三、中学体育课堂有效互动模型的基本方式

从互动主体的构成来看，中学体育课堂有效互动宏观上可以概括归纳为师生的互动和生生的互动两种方式，而微观上，又可以分为师个互动、师组互动、师班互动、生生互动、生组互动、生班互动以及组组互动等7种方式；从互动的人际状态的性质来看，中学体育课堂有效互动又可以分为合作性互动、对抗性互动、竞争—合作式互动三种基本方式。不管哪一种中学体育课堂有效互动方式都是互动主体之间相互进行的有效信息沟通过程。这种信息沟通模式与主体间相互作用，对学生的体育与健康知识和运动技能的掌握以及体育课堂教学效果影响极大。依据教育社会学的相关理论，我们通过对中学体育课堂教学的现场观察发现，中学体育课有效互动存在两种形式的沟通模式，即双向沟通和多向沟通。

（一）中学体育课堂有效互动的双向沟通模式

体育课堂沟通方式的不同往往会对学生的心理产生不同效应。体育课堂双向沟通的特征是教师或学生试图直接与全班或小组形成双向互动，教师和学生

不再是单向沟通中不变的信源和信宿，而是互为信源与信宿。换言之，教师和学生既是体育课堂有效互动信息的发送者，也可以是体育课堂有效互动信息的接受者。而且这种的体育课堂双向互动是不断循环的，直到学生掌握了体育知识与技能。这种沟通模式表现为体育教师综合利用言语和非言语符号向学生讲述体育知识、技术技能，同时也非常注意学生对教学的及时反映或要求。这种沟通模式的优点是传递的信息量大，反馈及时且速度快，教师能够及时发现学生的错误和教学过程中存在的问题。缺点是这种模式只注重教师与学生之间的双向活动和沟通，而忽视了多数学生之间的相互沟通与影响。

（二）中学体育课堂有效互动的多向沟通模式

课堂有效互动的多向沟通模式表现为教师与学生之间的互动是双向的，同学之间的互动也是双向的，是一种师生互动与同学互动相结合的沟通模式。在课堂有效互动模式中，不仅师生间有信息互动与呼应，同学间也有信息互动与呼应，形成课堂信息互动的立体网络。

与一般科目课堂有效互动的沟通模式不同，体育课堂有效互动的沟通模式具有鲜明的体育学科特征，开放式的体育课堂教学不仅空间大，练习的小组多，而且学生的流动性和活动自由度也大，与此同时，这种课堂形式给予了师生、同学之间更多面对面交流与互动的机会。因此体育课堂有效互动的沟通模式在多数情况下采用多向沟通模式。而一般科目的课堂教学过程中，课堂教学的空间固定且较小，即使偶尔有小组讨论，学生流动性也小，学生处于静态的时间较多，师生之间，尤其同学之间的互动较少，因此课堂有效互动模式在大多情况下是双向沟通模式。多向体育课堂有效互动模式主要优点是课堂互动气氛好，突出学生主体地位，学生积极主动，畅所欲言、集思广益、取长补短，为每个人都提供了互动的机会，也为每个人的发展提供可能。但这种沟通模式对教师的能力要求很高，不适合新教师的课堂教学。毋庸置疑，多向体育课堂有效互动模式在原来强调师生互动作用的基础上，更加重视生生互动的作用，这也符合目前学校体育课堂教学改革的理念。

　　体育课堂有效互动活动是一种十分复杂的社会实践活动，在活动中存在许多影响互动效果的因素与变量，因此，它不可能是一种完全固定且是万能型的课堂有效互动模式。体育课堂有效互动两种模式中，任何一种互动模式都有自身的优缺点，不可能适应所有的课堂教学情境，它都有自己特定适用的范围与目标。换言之，不同体育课堂教学目标、不同体育课的类型、不同教材特征、不同的教师以及不同课堂互动情景等都需要采用不同体育课堂有效互动的沟通模式。然而，在当前体育课堂教学实践中，许多中学体育教师由于缺乏对课堂互动教学复杂性的认识，固执于某种自认为可以解决一切问题的课堂有效互动模式，导致了体育课堂互动的低效。这种以体育课堂有效互动的单一模式来抹杀体育课堂教学复杂性的做法应该警惕。从某种意义上来说，体育课堂有效互动两种模式都有其存在的价值，谁也代替不了谁。体育课堂有效互动所追求的理想境界是体育教师能根据体育教学不同阶段要求与需要，针对性地选择与之相适应的体育课堂互动模式，形成不同体育课堂有效互动沟通模式的合理组合，最终实现体育课堂有效互动。

第五节　中学体育课堂有效互动的价值

一、自然属性层

属性是事物固有的特点、性质，是由事物的内部矛盾决定的。任何事物都具有多种属性，是多种属性的统一体。事物的价值与事物的属性是分不开的，事物对人的价值首先体现在它的属性上，因此，我们想要认识事物价值，最先应认识其属性价值。对于体育课堂有效互动而言，其属性价值最先体现在：①通过体育课堂互动完成对学生简单的体育健康知识与运动技能的传授、帮助学生完成对复杂的体育健康知识与运动技能的建构，换言之，有效促进学生对体育健康知识与运动技能的掌握与建构，这是体育课堂教学的本质所在。②通过体育课堂互动培养学生参与体育运动的兴趣，有效促进自我锻炼习惯的养成，当然，这并不是一蹴而就的，而是通过长期师生互动，教师有意识培养来促进学生形成运动健康的观念，并通过生生互动，反复练习逐渐形成的相对稳定、自动化的学习行为倾向，也就是学生自我锻炼的习惯的养成。③体育课堂师生、生生间互动整个过程贯穿着身体练习，能有效增强学生的体质和提高健康水平，这是其他以言语互动为主的课堂教学所无法满足的，这也是以肢体互动为主体育课堂教学本身的特点所在。当然，一周几节体育课虽然对增强学生体质和提高健康水平有一定积极作用，但其产生的直接影响毕竟还是比较有限的。用马克思辩证主义观点分析，事物内部的各种矛盾发展是不平衡的，因此事物内部矛盾有主次之分，主要矛盾对事物发展起到决定性作用，由此可见，体育课堂有效互动价值属性层也有主要价值与次要价值之分。其中满足学生对体育与健康知识和运动技能的需求是属性层的主要价值，而满足学生对体育兴趣的追求和对自我锻炼习惯形成的需求以及满足学生对体质健康需求是次要价值。总而言之，属性价值是体育课堂有效互动的外在表现，也是我们认识体育课堂有效互动价值的第一步。如果我们对体育课堂有效互动基本属性价值都缺乏认识，那么再去谈其功能价值与意蕴价值就毫无意义了。

二、社会功能层

社会功能层是价值体系的中间层，是事物价值的根本所在。属性和功能都是事物本身所具有的，它们虽然都不是独立的实体，但是都从属于实体，因此，它们都没有脱离实际。但不同的是属性是事物的性质，具有外在表现性，功能则是事物潜在的作用或发生作用的能力，事物的属性价值对人来讲固然重要，但它的功能价值对人来讲才是最主要的。对客体价值的认识，关键是对客体功能的判断和客体功能在社会生活中作用的认识。

传统的体育课堂教学主张身心二元论，强调知识技能价值观，认为身体活动与精神活动毫无关系，在某种程度上对心理是一种干扰，会导致身心分离。因此，它突出的是体育课堂教学的属性价值，无法满足学生对功能价值的需求。与传统体育课堂教学相比，体育课堂有效互动以哲学中的身心一元论为基础，认为任何学科的课堂教学都是对一个完整的人的影响，其结果具有综合效果。体育课堂有效互动对学生的影响不仅作用在身体，它同时也作用于心理、社会适应等其他方面，是一个对学生身心综合影响的过程，是培养完整人的教学，所以它不仅有外在属性价值，还有潜在社会功能价值，即满足学生对心理健康与社会化的需求等。

体育课堂是个微型的社会。体育课堂互动是师生、生生间的社会实践活动，其本质是不断引导学生从幼稚走向成熟、从依赖走向独立的社会化过程，换言之，即引导学生从"自然人"走向"社会人"，从而扮演好不同的社会角色。作为一个社会人，学生必须具备作为一名社会成员所需的品质和道德规范。结合体育学科的具体特点，首先，通过体育课堂有效互动，不仅可以提高学生的交往能力与竞争意识，还能进行体育道德的教育，使他们在体育比赛中遵守规则；其次，体育课堂互动教学还可以使学生相互尊重，相互帮助，养成良好的合作意识和团队精神；再次，有效课堂互动使学生在体育课堂教学中自始至终充当着主体的角色，而不是课堂的"局外人"，师生融为一体，学生能充分认识到自己不仅要对学负责，还要对教负责，不仅要对自己负责，还要对同学负责，自觉养成勇于负责的意识。

三、文化意蕴层

客体的价值不仅表现在它的属性和功能方面，而且表现在它的文化意蕴方面。客体价值的最内层，也就是核心层次是文化意蕴层，文化意蕴表达的是客体中蕴含的一种哲理和诗情，是客体真正的灵魂所在，是客体的象征。它不是外显的属性，也不是潜在的功能，而是深藏在客体的属性与功能之中，隐含丰富的人生哲理，只可意会不可言传，供人慢慢去品味和体会的东西。

长期以来，由于人们对体育课堂教学价值的模糊认识，忽视了体育课堂教学的核心价值，往往注重的是体育课堂教学活动的工具价值和功能价值，将体育教学活动囿于"传授技术""增强体质""增进健康"以及"促进社会适应等"套路式"指导思想之中，而其丰富的文化意蕴却被"遮蔽"。在工具价值和功能价值取向的引导下，传统体育课堂教学价值取向偏向社会本位和知识本位，忽视人的价值和地位，忽视体育课堂有效互动活动在师生的幸福体验与创造，以及生命意义实现过程中所起到的积极作用。毋庸讳言，体育课堂有效互动核心价值就是为了提升学生的生命质量，提高学生的生命价值，让学生回归生命课堂，回归生活课堂。这里的生命课堂是一种以学生健康为主线，以体育活动为载体，以运动体验为收获，以学生兴趣为动力，追求学生生命的完整，即人格的完整、心灵的健全、个性的培养和兴趣与情感的满足，追求一种充满生命尊重、个性倡导、生命体验与生命关怀，感悟生命意义，富于生命活力的教学境界，追求课堂互动生成的过程，追求学生创造力不断挖掘的过程，追求学生个体的生成与发展，弘扬人文精神，并实现一个能增进学生健康、提高生命价值、焕发课堂生命活力、体现以人为本的课堂。同时师生、生生有效互动的生命课堂也是生活的课堂，有效互动活动是师生的一种存在方式、生活方式，具有生活的意蕴，因此，课堂有效互动即是生活，我们也可称之为课堂有效互动生活。在生活课堂中，师生平等对话，共同体验生活、感悟生活，共同分享彼此的体育与健康知识、运动技能以及健身方法，交流彼此的情感和价值观，提高彼此的智慧、品德与修养，在彼此互动过程中实现体育课堂的动态生成，使师生双方都生成出新我，完成自我的建构，人格得以升华，生命价值得以提升，生活的意义得以发展。简言之，教学活动的文化意蕴价值是一种潜在的、可能的价值，满足师生对生命意义课堂的追求。

从本体论意义来讲，体育课堂有效互动的属性价值、功能价值和文化意蕴价值是分不开的，为了更好地解读体育课堂有效互动复杂的价值取向，从认识论意义上把体育课堂有效互动的价值分为属性价值、功能价值和文化意蕴价值三个层面，它们之间相互独立，又相互依存，形成完整的体育课堂有效互动价值体系。这其中的文化意蕴层是价值体系的核心层，是所有价值发展的缘起，也是一切价值发展的终极目标。属性价值层是价值体系的表层，是外在表现层，是一切价值外化的生动体现。功能价值层是价值体系的中间层，它起到连接文化意蕴层与属性价值层的作用，因为功能价值层的存在，体育课堂有效互动的价值体系才显得愈发完整与牢固。但我们需要强调的是体育课堂有效互动价值体系的实现过程是个复杂的过程，它不是均等化的实现过程，而是一个在相互协调中实现的过程。我们从价值客体和价值主体两个视角来分析体育课堂有效互动价值体系的实现过程。从客体方面来看，体育课堂有效互动价值的实现就是体育课堂有效互动由"潜价值"到"价值"的实现过程；从主体的角度来看，体育课堂有效互动价值的实现就是体育课堂有效互动的主体化过程。换言之，体育课堂有效互动的属性就是满足学生主体的需要，使学生自身得到发展，这个过程中实现了体育课堂有效互动价值。究其复杂性有以下两个方面：①由于学生的体育与健康知识、运动技能、能力、思维方式以及价值取向的不同造成体育课堂有效互动价值体系实现程度也不一样。②由于体育课堂有效互动价值的实现需要具备相应的教学环境与条件，在不同教学环境与条件下，体育课堂有效互动价值体系实现程度也不一样。总而言之，中学体育课堂有效互动的潜在价值包括了属性价值、功能价值和文化意蕴价值，但他们的实现是个复杂的过程，实现程度还要视情况与条件而定。

第四章

中学体育课堂有效互动评价指标体系的构建

第一节　中学体育课堂有效互动评价指标体系的构建原则

　　评价指标体系是由多个相互联系、相互作用的评价指标，根据一定的层次结构组成的有机整体。它是联系评价专家与评价对象的纽带，也是联系评价方法与评价对象的桥梁。科学合理的指标体系是得出科学公正评价结果的保证，为了建立一个切实可行的中学体育课堂有效互动的指标体系，我们首先要明确指标体系设计原则，然后依据该原则合理地设计中学体育课堂有效互动指标体系的框架结构和指标内容，最后再根据该框架结构和具体的指标内容确定详细的指标计算方法和具体数据的获取方式。中学体育课堂有效互动的基本理论包括了哲学理论、社会学理论、心理学理论、教育学理论（体育教学理论）以及传播学理论，其指标体系的构建过程凸显出了体育课堂教学评价的典型特征，以体育课堂教学评价的原则为依据。具体而言，在中学体育课堂有效互动指标体系的制定过程中应当贯彻以下原则。

一、全面性原则

　　体育课堂有效互动教学指标体系应尽量合理、全面地对体育课堂互动的设计、实施、结果以及反思做出评价，因此指标体系应该能全面地反映体育课堂互动过程中的各种要素，既有互动设计因素，也有互动反思因素；既体现出体育课堂互动过程的有效性，包括互动的环境、互动的广度、互动的深度、互动的内容、互动的技巧以及互动生成，也要体现出体育课堂互动结果的有效性，包括学生运动参与、学生体育与健康知识和运动技能的掌握及应用、学生身体健康的促进以及学生心理健康与社会适应的促进等；既有教师通过量表可以直接观察的指标，也有体现学生问卷调查结果的指标。当然，受研究条件、研究能力以及研究经费等限制，指标体系无法做到十全十美，但是设计因素、实施因素、结果因素以及反思因素等都应有所体现，即尽量体现出全面性。

二、科学性原则

科学性原则是任何学术研究都要遵循的基本准则。科学性是指评价指标体系的指标、方法以及程序必须是合理的，具有充分的理论基础和合理的理论依据。具体来说就是保证体育课堂有效互动评价体系中的每一个指标都有明确的内涵和科学的解释，要考虑指标遴选、指标权重设置和计算方法的科学性，也要保证从体系构建原则到最后指标的确定这整个流程的科学性。只有这样才能保证体育课堂有效互动评价结果的客观性与真实性，才能保证体育课堂有效互动评价指标的权威性与科学性。

三、独立性原则

评价体系中每个指标都必须做到内容清晰，相对独立；同一层次的各个指标尽量不交叉重叠，各个指标之间不存在因果关系，但又要有一定关联。整个评价指标体系都必须紧紧围绕一个问题层层展开，层次分明，简明扼要，保证评价结果能客观反映评价的意图。体育课堂有效互动的内涵丰富，因此，在选取指标时要尽量涵盖设计、实施、结果以及反思等各个方面，并组成各个独立的子系统，层次分明，紧紧围绕体育课堂有效互动来展开讨论。

四、代表性原则

能够反映某个指标体系典型特征的指标可能有多个，在选择时应抓住最有代表性的关键指标，即抓住问题的实质。因此，体育课堂有效互动评价指标的选取应根据其在评价体系中重要性和针对性来进行，力求选取的指标能反映体育课堂有效互动的本质与特征，既要全面准确，又要精而少，即用最少的指标通过简洁的内容能较为全面且准确地说明体育课堂有效互动的具体内容，与此无关的内容不予考虑。

五、可操作性原则

由于体育课堂教学本身所固有的复杂性与动态性，如果在构建体育课堂有效互动指标体系时也片面追求对课堂互动状态描述的完整性，可能会产生过多难以操作的定性指标，导致可直接观测的定量的指标过少，或者定量指标在精确计算或数据的获取上存在困难。基于这两点，在构建体育课堂有效互动指标体系时，要尽可能选取易于操作、易于量化、容易获取、可行性强、能够真实反映客观实际情况的指标。对于不可直接测量的因素，如互动设计、互动结果以及互动反思等，可通过调查问卷的形式尽量转化为具体、可以测量的指标，也就是说把抽象的测量评价目标具体化。而且，指标数量不宜过多，内容不宜过于冗长，否则会给体育课堂有效互动评价工作增加不必要的难度。

六、体现体育学科特点原则

教育领域的不同学科都有自己本学科的专业知识，因此，课堂教学评价标准与具体评价指标也有所不同，这就要求在构建体育课堂有效互动指标体系时，应把握体育课堂教学规律，充分体现体育专业的特征，既要把握其与一般课堂有效互动的共性因素，如互动的广度、互动的深度等，也要突出体育课堂有效互动的个性因素，突出能够反映体育课堂有效互动结果的指标，如学生对体育与健康知识、运动技能的掌握及应用等。

七、过程和结果评价相结合的原则

教育学界在研究课堂互动的有效性时通常重点从过程与结果两个方面进行阐释。鉴于此，体育课堂有效互动评价主要将过程变量与结果变量联合考察，即"过程—结果研究"：①体育课堂有效互动实施过程主要采用课堂观察的方法对互动环境、互动广度、互动深度、互动内容选择、互动技巧的合理性以及互动生成的利用情况进行评价。②体育课堂有效互动结果可用学生运动参与、学生体育知识与运动技能的掌握及应用、学生身体健康的促进以及学生心理健康与社会适应的促进等标准来衡量，当然，这个结果不仅仅是一堂课的短期结果，它还包括体育课堂有效互动的长期结果。

八、定量评价和定性评价相结合的原则

综合性评价可以分为定性评价与定量评价两种。定性评价能比较真实地描绘评价事物的本质，但容易流于主观；定量评价数字化、定量化，比较客观、准确，但无法全面实施。体育课堂教学是一个涉及许多因素的教学过程，如果完全以定量方式来评价体育课堂有效互动，往往会造成以偏概全的后果。因为定量不能囊括体育课堂有效互动教学中的所有指标，如课堂互动环境、课堂互动深度、课堂互动广度、课堂互动内容、课堂互动技巧、课堂互动生成等指标都难以直接量化。如果一味地强行进行量化处理，最后可能会造成评价结果失真。当然，如果完全用定性指标进行评价，也是不可取的。毕竟反映体育课堂有效互动结果的指标中，大部分都能通过问卷调查加以量化。因此不能全用定

性指标，否则会降低整个研究的效度，难以检验研究结果，造成相对主义。毋庸置疑，体育课堂有效互动评价必须将定量评价与定性评价相结合，两者相辅相成，才能全面、有效地对体育课堂有效互动做出客观评价。

第二节 中学体育课堂有效互动评价指标的筛选方法与指标确定

一、中学体育课堂有效互动评价指标的筛选方法

在社会学研究领域内，指标的筛选方法主要有经验选择法、专家咨询法、频度分析法、理论分析法以及对这些方法进行综合的评价方法。

（一）经验选择法

经验选择法是将现有的所有指标进行有目的的分析综合，选择其中适合研究所需要的指标，它包括分析法、综合法等方法。分析法是把综合评价指标体系的度量对象与度量目标直接分成若干个不同的组成部分或不同侧面或子系统，并且通过逐步细分，从而形成各级子系统及功能模块，直到每一个部分和侧面都可以通过具体的统计指标来描述、实现，这是一种构建综合评价指标体系最基本、最常用的方法。其基本过程是：首先，合理解释评价问题的内涵与外延，对概念的侧面结构进行划分，确定评价的总目标与子目标。这是相当关键的一步。例如，在设计体育课堂有效互动指标体系时，通常先要明确体育课堂有效互动概念、涵义以及特征，它包括哪几个方面，之后，再按照总目标与子目标的要求来选取指标。综合法是把已经存在的一些指标群按照一定的标准来进行聚类，并使它体系化的一种方法。目前许多学科领域的学者在讨论有关评价问题，如果将大家的不同观点综合起来，就可以构建出相对全面的综合评价指标

体系。

（二）德尔菲法

德尔菲法，也叫专家调查法。是指一群有专门知识的专家在互相不见面、不通气的情况下对某一指标的重要性达成一致看法的方法。是一种对研究问题进行判断、预测的方法。本书采用德尔菲法进行指标的选取。它早在 1964 年就被美国兰德公司用于预测领域。其系统程序是研究者先根据所要评价对象的概念、内涵以及特征，设计出具有一系列评价指标的调查表，然后分别征询有关方面的专家对所设计评价指标的意见与建议，每轮结束后都进行数据统计，对评价指标体系进行修改，并向专家们反馈统计结果与专家主要意见，请专家再次对修改后的评价指标体系进行评判，经过几轮的咨询，专家们的意见趋于集中，经过判断、调整，最后确定出具体的体育课堂有效互动的评价指标体系，从而保证了体育课堂有效互动的最终评价指标体系的科学性与权威性。

二、中学体育课堂有效互动评价指标的确定

（一）初步建立中学体育课堂有效互动指标体系

通过对中学体育课堂有效互动理论分析和学校体育学专家咨询，依据评价指标体系构建原则，初步设计了中学体育课堂有效互动的指标体系框架。

（二）指标的筛选

为了保证选取的指标能够真实、客观地反映出中学体育课堂互动的效果，根据多学科理论基础并结合体育课堂教学的特征，先初步构建了体育课堂有效互动指标体系，然后通过两轮专家调查法完成对指标的筛选。

1. 第一轮专家调查结果与分析

为了更加广泛地征求不同层面的专家的意见，得到全面且客观的中学体育课堂有效互动的指标信息，在第一轮问卷调查中，我们通过开放式和封闭式相结合的问卷形式对中学体育类特级教师和在学校体育界有较高造诣的专家学者进行调查。一方面可以充分发挥封闭式问卷回收效率较高、信度较高以及便于统计分析的特点。另一方面又可以发挥开放性问卷易于征收不同专家独特见解的特点，为本书提供更加丰富的资料。

（1）一级指标调查结果与分析。在初步设立的体育课堂有效互动评价指标体系中，一级指标包括体育课堂互动的设计、体育课堂互动的实施、体育课堂互动的效果三类指标。从调查的结果来看，专家们对体育课堂互动的设计、体育课堂互动的实施、体育课堂互动的效果的认可率均为100%，以上结果表明专家对于初设的一级指标给予了充分的肯定。其中对个别指标建议修改意见如下：

建议一，关于"体育课堂互动的效果"指标，有几位专家建议将"体育课堂互动的效果"修改为"体育课堂互动的结果"更恰当，原因是从"体育课堂互动的设计"到"体育课堂互动的实施"，再到"体育课堂互动的结果"，从时间顺序上更具有逻辑性，而如果用"体育课堂互动的效果"，体育课堂互动则缺少一条时间顺序的主线。

建议二，把"体育课堂互动设计的反思性"从"体育课堂互动设计"中单列出来，成为一级指标，并把它改为"体育课堂互动的反思"。因为"体育课堂互动的反思"作为体育课堂互动的重要组成部分，它与体育课堂互动的设计、体育课堂互动的实施、体育课堂互动的结果是并列的，是属于同一层次的指标。体育课堂互动的设计、体育课堂互动的实施、体育课堂互动的结果以及体育课堂互动的反思从时间顺序上形成一条逻辑主线。因此本书将体育课堂互动的反思作为体育课堂有效互动评价指标体系的一级指标。

最终，体育课堂有效互动评价指标体系的一级指标确定为：体育课堂互动的设计、体育课堂互动的实施、体育课堂互动的结果、体育课堂互动的反思。

（2）二级指标调查结果与分析。二级指标用来进一步详细解释一级指标所要表达的意思，初步设立的体育课堂有效互动评价指标体系中共包含了14个二级指标，分别是一级指标体育课堂互动的设计下的4个二级指标：体育课堂互动设计的科学性、体育课堂互动设计的全面性、体育课堂互动设计的可行性、体育课堂互动设计的反思性；一级指标体育课堂互动的实施下的6个二级指标：体育课堂互动的环境、体育课堂互动的广度、体育课堂互动的深度、体育课堂互动的内容、体育课堂互动的技巧、体育课堂互动生成；一级指标体育课堂互动的效果下的4个二级指标：学生运动参与、学生体育知识和运动技能的掌握及应用、学生身体健康的促进、学生心理健康与社会适应的促进。经调查本书大部分二级指标得到专家们的高度认可，但其中也有些专家对部分内容提出一些修改意见。

建议一，在体育课堂互动的设计一栏中，删去体育课堂互动的反思性，因为其与体育课堂互动的科学性、全面性以及可行性不是并列关系，它应是体育课堂有效互动的组成部分，所以把体育课堂互动的反思划入一级指标，并在其下设互动主体参与度的反思和互动主体发展度的反思两个二级指标来反映。

建议二，将体育课堂互动的结果一栏中"学生体育知识和运动技能的掌握及应用"改为"学生体育与健康知识、运动技能的掌握及应用"。中学体育理论课就是体育与健康课程，教师讲授的内容就是体育与健康知识，考虑到中学与大学的区别，采纳了专家的建议用"学生体育与健康知识、运动技能的掌握及应用"替代"学生体育知识和运动技能的掌握及应用"。

建议三，有专家指出，为了评价指标的独立性，应把体育课堂互动的结果一栏中"学生体育知识和运动技能的掌握及应用"和"学生心理健康与社会适应的促进"分解为"学生体育知识的掌握及应用""学生运动技能的掌握及应用""学生心理健康的促进"和"学生社会适应的促进"。如果纯粹地从指标独立性去考虑还行得通，但关键是在三级指标中又牵涉到运用理论知识指导运动技能实践，还有在三级指标中有关心理健康与社会适应内容无法分得很清楚的，它们之间是有联系的，而不是简单独立的，所以本书决定保留"学生体育知识和运动技能的掌握及应用"和"学生心理健康与社会适应的促进"两个二级指标。

建议四，专家认为应在一级指标"体育课堂互动的反思"一栏下增设二级指标，经过与专家们的反复推敲，最终决定增设"互动目标达成程度的反思"和"互动生成的反思"2个二级指标。

通过分析、采纳专家反馈的意见，结合我们查找到的体育课堂互动的相关资料，考虑到中学体育课堂有效互动的实际情况，最后确定了15个二级指标。

（3）三级指标调查结果与分析。

①一级指标"体育课堂互动的设计"中的三级指标。由于二级指标"体育课堂互动设计的反思性"被删掉，所以其下的"体育课堂互动目标达成程度的反思""体育课堂互动主体参与程度的反思""体育课堂互动主体发展程度的反思"以及"体育课堂互动生成的反思"4个三级指标也相应被删掉。

②一级指标"体育课堂互动的实施"中的三级指标。有专家建议将"体育课堂互动的环境"三级指标中增加"互动时，师生处在情感与工具相混合关系的情景中"。因为课堂互动是在特定的情景下进行的，而且体育课互动的情景是体育课堂互动的环境的重要组成部分。与一般课堂以工具关系为主的互动的不同之处就在于体育课堂互动中情感关系尤为凸显，因此，体育课堂互动情景是情感与工具相混合的情景。本文采纳专家们的建议，在二级指标"体育课堂互动的环境"下增加三级指标"互动时，师生处在情感与工具相混合关系的情景中"。

有专家认为"体育课堂互动的深度"的三级指标"师生间互动包含认知、运动技能和情感三个层面"表述的过于抽象、笼统，不易做出准确的评价，建议改为比较具体化的指标，经过与专家的讨论，最后决定改为"互动时，师生、生生间能晓之以理，动之以情"。还有专家认为"体育课堂互动的深度"

的三级指标表述得不够规范与全面，体育课堂互动不仅包含师生互动，还应包含生生互动，所以应将三级指标"师生间互动热情高、注意力集中，积极主动""师生能围绕同一目标发生实质性互动"改为"师生、生生间互动热情高、注意力集中，积极主动""师生、生生能围绕目标发生实质性互动"。本书采纳以上专家们的建议，最终，"体育课堂互动的深度"的三级指标确定为"师生间互动热情高、注意力集中，积极主动""互动时，师生、生生间能晓之以理，动之以情""师生、生生能围绕目标发生实质性互动""在体育课堂互动中，学生积极思考，充分发挥他们的创造力"。

有专家建议将"体育课堂互动的内容"的三级指标"互动内容符合学生身体素质基础"和"互动内容具有时尚性"删掉，原因是为了使三级指标变得更加简洁，更具代表性，就无须面面俱到了。考虑到三级指标"互动内容符合学生运动技能基础"和"互动内容符合学生的兴趣"已经基本能够体现以上被删除的两个指标所表达的意思，因此，本书采纳专家们的建议。

有专家认为"体育课堂互动生成"的三级指标"资源生成""过程生成"和"目标生成"表述得过于抽象，导致许多人无法理解其所要表达的意思，建议改为通俗化、具体化的指标，经过与专家的讨论，最后决定改为"互动中，教师能捕捉到有价值的生成资源""根据生成资源，教师能及时调整互动过程"和"通过调整互动过程，教师促进新的互动目标的生成"。

③一级指标"体育课堂互动的结果"中的三级指标。有专家认为"学生身体健康的促进"的三级指标"体育课堂互动能促进学生体质健康发展""体育课堂互动能促进学生身体发育"和"体育课堂互动能提高学生身体素质"之间是相互包含、重复的，同时专家还指出，从长期效用来讲，体育课堂有效互动对学生体质健康具有一定的作用；而从短期效用看，体育课堂有效互动对学生体质健康影响不大，所以，建议把以上前两个指标改为"课堂互动能促进学生身体机能得到改善""课堂互动能促进学生身体形态符合年龄特征"，这样比

较符合体育课堂有效互动的实际情况，同时"学生身体健康的促进"的三个三级指标又可以处于同一层次的水平上，形成并列关系。本书采纳以上专家们的建议，最终，"学生身体健康的促进"的三级指标确定为"课堂互动能促进学生身体机能得到改善""课堂互动能促进学生身体形态符合年龄特征"和"体育课堂互动能提高学生身体素质"。

有专家认为"学生心理健康与社会适应的促进"的三级指标"体育课堂互动促进学生交往能力、合作精神、社会适应能力得到提高"中的"社会适应能力"所涵盖的内容很多，具体分析的时候不应再用这个词，所以专家建议将三级指标"体育课堂互动促进学生交往能力、合作精神、社会适应能力得到提高"分解为"通过课堂互动，学生交往能力、合作精神、体育道德水平得到提高"和"通过课堂互动，学生发现问题、解决问题的能力得到提高"。笔者采纳以上专家们的建议，最终，将"学生心理健康与社会适应的促进"的三级指标确定为"通过课堂互动，学生能以体育方式调节、控制情绪""通过课堂互动，学生自信心、意志力以及战胜困难的能力得到提高""通过课堂互动，学生交往能力、合作精神、体育道德水平得到提高"和"通过课堂互动，学生发现问题、解决问题的能力得到提高"。

④一级指标"体育课堂互动的反思"中的三级指标。有专家建议在二级指标"互动目标达成程度的反思"下增设三级指标"互动主体参与程度的反思"和"互动主体发展程度的反思"，在二级指标"互动生成的反思"下增设三级指标"对能否发现有价值的生成资源的反思""对遇到意外情况能否调整互动过程的反思"和"对能否促成新目标达成的反思"。通过与专家们的沟通与交流，并经过反复论证，最终本书采纳了专家们的建议。

总而言之，通过对第一轮专家问卷调查结果的分析，并结合专家们的意见与建议，本书将体育课堂有效互动评价指标体系由原来的4个一级指标、14个二级指标和57个三级指标经过各级指标的删除、变更、合并以及增设调整为5

个一级指标、15个二级指标和60个三级指标的新体系。

2. 第二轮专家调查结果与分析

第一轮专家问卷的调查结果出来后，我们经过查阅相关的文献资料，结合第一轮专家反馈的意见和建议的方法，重新拟定中学体育课堂有效互动的评价指标体系。再将评价体系的各级评价指标制成问卷，各个指标按照"很不重要""不重要""一般""重要""很重要"分别赋予1、2、3、4、5的分值，进行第二轮专家问卷调查。在本轮专家问卷调查过程中，原则上不要求专家提出新的指标。

（1）第二轮专家问卷调查主要统计参数。

①变异系数是指评价指标体系中各个指标的标准差与其加权平均值之比，变异系数的值越小，说明专家对指标的评价结果的分散程度越小。一般来说，如果指标的变异系数大于或等于0.25，那么该指标的专家意见协调程度不够。

②协调系数：专家意见的协调系数的大小在某种程度上是专家意见集中程度高低的一种反映。

专家意见协调程度的显著性检验采用等级一致性检验（非参数检验）：假如P>0.05，则说明专家意见的评估可信度差，评价体系指标的评价结果不可取；如果P<0.05，则说明专家意见的评估可信度好，评价体系指标的评价结果可信。

（2）第二轮指标筛选。在运用德尔菲法对评价体系的指标筛选过程中，对于指标的筛选方法，尚没有形成统一的标准和规定，大部分研究都是根据自身的特点和需要而采用不同的指标筛选方法。

（3）第二轮专家调查统计结果。一级指标、二级指标和三级指标统计结果显示：所有指标的变异系数都小于0.25，均数都大于3.5，一级指标的专家评价一致性系数为0.351、二级指标的专家评价一致性系数为0.291、三级指标的专家评价一致性系数为0.173，且P值都小于0.01，可以看出，专家对一、二、三级指标评价都较高，也说明凭借文献资料调研与经验筛选得来的指标体系经过两轮专家问卷调查，所选指标都得到专家的一致认可。

（三）中学体育课堂有效互动指标权重的确立

在综合评价中确定指标权重的方法有很多，总的来讲，根据计算权重时原始数据的来源大致上可归结为两大类：一类是主观赋权法，另一类是客观赋权法。这些方法是从不同的视角来研究权重问题，它们各有自身的有优势，但也都有局限性。

主观赋权法是一种定性分析的方法，它主要包括层次分析法、德尔菲法、相对比较法、加权综合法等，它得出的指标权重主要依靠评价者对研究对象指标重要程度的经验判断或主观认识，其中对同一问题不同的人会有自己不同的看法，因为选取的专家不同，所以得出的权重也会各异。这类赋权方法的缺点主要有带有较多的主观色彩，随意性大，权重的确定与评价指标的数字特征毫无关联，权重仅是对评价对象指标反映内容的重要程度在主观上的判断，缺少考虑评价指标间的内在联系；其优点是集中较多专家的经验与意见，而且还是根据实际情况，来对各指标权重系数进行合理排序，避免出现和指标系数、指标实际重要程度相悖的情况（而在客观赋值法中可能出现此类情况）。尽管主观赋权法带有较大的主观性，但是各位专家对评价对象指标重要程度的判断依据都来源于客观实际，因此主观赋权法是以事实为依据，一般比较符合现实情况，因此，其确定的权重也是科学的。

客观赋权法是一种定量分析的方法。它主要包括主成分分析法、灰色关联法、变异系数法、局部变权法、熵权系数法、因子分析法等。它基于调查所得的指标数据信息，通过建立一定的数理推导计算出指标的权重向量。由于其原始数据来源于评价矩阵的实际数据，因此它避免了主观因素的影响，使系数具有绝对客观性，被认为是一种较为科学的确定权数的方法。这类赋权方法由于要依赖于足够的客观样本数据，通用性和可参与性差，计算方法也过于复杂，而且不能体现评价者对不同属性指标的重视程度，往往会出现所定权重与属性的实际重要程度相差较大的情况。因此,完全依靠数据进行评价,结果虽然客观,但并不一定可靠。

本书将采用层次分析法确定中学体育课堂有效互动评价指标的权重。由于本书只研究下一级指标相对于上一级指标的权重,故省略了层次总排序和其一致性检验,以便于在指标需要变动时,能够进行小范围的调整。

(四)中学体育课堂有效互动指标的释义

1. 体育课堂互动的设计

一般而言,体育课堂互动设计就是体育教师采用社会互动理论、现代教学理论分析研究体育课堂互动问题和需求,明确体育课堂互动目标,确立解决它们的方法和步骤,然后评价体育课堂结果的一个系统的计划过程。课堂互动教学设计的目的在于更有效地促进学生的学习。完整的体育课堂互动设计包括"体育课堂互动设计的科学性""体育课堂互动设计的全面性""体育课堂互动设计的可行性"3个二级指标。

(1)体育课堂互动设计的科学性。体育课堂互动设计是否具有科学性,直接关系到体育课堂互动是否有效,关系到体育课堂教学质量能否提高,关系到学生是否得到发展这个重大问题。因此,加强体育课堂互动设计的科学性是当前体育课堂教学研究的重要课题之一。体育课堂互动设计的科学性包括"体育课堂互动设计符合学生的认知规律""体育课堂互动设计符合学生的情感规律""体育课堂互动设计符合学生运动技能掌握规律"3个三级指标。

①体育课堂互动设计符合学生的认知规律。体育课堂互动设计是体育课堂互动教学的前提条件,"台上一分钟,台下十年功"很好地诠释了良好的课堂互动设计是体育课堂互动取得良好效果的基本保障。课堂互动设计要求教师设计时多花心思考虑诸多因素,尤其是要充分考虑到学生的年龄、性别、学段、体育学习情况等条件,要设计符合学生实际认知水平的课堂互动方案。获取途

径：对教师进行问卷调查、看教案。

②体育课堂互动设计符合学生的情感规律。所谓符合学生情感规律就是体育课堂互动能始终让学生处于兴趣—愉悦的最佳情绪状态。学生以兴趣—愉悦的情绪参与体育课堂教学活动，有效提高了学习的效率，从而保障了体育课堂教学效果。获取途径：对教师进行问卷调查、看教案。

③体育课堂互动设计符合学生运动技能掌握规律。运动技能也叫"动作技能"，指人在运动中已经掌握和有效地完成专门动作的一种能力。运动技能掌握规律也称运动技能形成规律，包括泛化、分化、巩固以及自动化 4 个阶段，因此要符合学生运动技能掌握规律就要根据学生不同的运动技能发展阶段来进行相应的体育课堂互动设计。获取途径：对教师进行问卷调查、看教案。

（2）体育课堂互动设计的全面性。体育课堂互动设计的全面性就是要求体育教师设计互动目标时要考虑到课堂互动教学全面育人的本质，根据"三维健康观"，体育课堂互动设计应全面考虑运动参与、运动技能、身体健康、心理健康和社会适应 5 个学习领域内容，即包含"体育课堂互动设计考虑到促进学生的运动参与""体育课堂互动设计考虑到发展学生的体育与健康知识""体育课堂互动设计考虑到发展学生的运动技能""体育课堂互动设计考虑到促进学生的身体健康""体育课堂互动设计考虑到促进学生的心理健康与社会适应"5个三级指标。

①体育课堂互动设计考虑到促进学生运动参与。学生运动参与体现在他们主动参与体育活动的态度与行为表现。学生经常参与体育活动可以有效地培养和发展他们的运动兴趣和爱好，并有利于他们体育锻炼习惯的养成。因此，体育课堂互动设计要充分考虑到促进学生运动参与。获取途径：对教师进行问卷调查、看教案。

②体育课堂互动设计考虑到发展学生的体育与健康知识。体育与健康知识是中学体育与健康课程的基本理论知识，也是体育与健康课程的重要组成部

分。它既包含了体育知识、健康知识以及如何通过体育锻炼促进人身体、心理、社会适应以及道德的全面健康。同时体育与健康知识对学生运动技能的形成也有很大影响。因此，体育课堂互动设计要充分考虑到发展学生的体育与健康知识。获取途径：对教师进行问卷调查、看教案。

③体育课堂互动设计考虑到发展学生的运动技能。发展学生的运动技能是中学体育课堂教学中一项不可或缺的重要内容，学生在运动技能发展基础上容易形成自己的兴趣爱好，并有所专长，提高终身体育锻炼的意识和能力。因此在体育课堂互动设计上必须考虑到发展学生的运动技能。获取途径：对教师进行问卷调查、课堂观察、看教案。

④体育课堂互动设计考虑到促进学生的身体健康。学生身体健康的发展虽然不是一周几节的体育课堂教学就能解决的，但是，促进学生身体健康也是体育课堂教学重要任务之一。因此，在体育课堂互动设计上必须考虑到要促进学生的身体健康。获取途径：对教师进行问卷调查、看教案。

⑤体育课堂互动设计考虑到促进学生的心理健康与社会适应。促进学生的心理健康与社会适应也是体育课堂教学的重要任务之一，因此，体育课堂互动设计必须充分考虑到提升学生的自信心、意志品质、调节情绪的能力、合作和竞争意识以及交往能力等。获取途径：对教师进行问卷调查、课堂观察、看教案。

（3）体育课堂互动设计的可行性。要想把体育课堂互动设计变为现实，必须具备3个可行性条件，即"体育课堂互动设计考虑到学生的个体差异""体育课堂互动设计体现出预设与生成兼顾""体育课堂互动设计与体育课堂教学设计既有联系又有区别"3个三级指标。

①体育课堂互动设计考虑到学生的个体差异。有多少个学生就有多少个独特的世界，要想让体育课堂吸引所有学生，让他们都参与到课堂互动中来，并体验到取得成功的快乐，体育教师必须考虑到学生的差异性，分层次地设立互动目标。获取途径：对教师进行问卷调查、看教案。

②体育课堂互动设计体现出预设与生成兼顾。一堂生动、有效的中学体育课既离不开弹性预设，也不能没有精彩生成。无视学生自主性，且完全按部就班的体育课堂互动，尽管教师个人表演异常精彩，但也是不真实、不成功的；如果一味追求课堂的热闹，也就是追求课堂即时的"生成"，而缺乏目标，就会出现"无的放矢"的课堂现象。因此，体育课堂有效互动设计时就必须要预设与生成兼顾。获取途径：对教师进行问卷调查、看教案。

③体育课堂互动设计与体育课堂教学设计既有联系又有区别。体育课堂互动设计是指在现代教育理论与社会互动理论指导下，为了激发学生能动性，促进学生更好地发展而对体育课堂互动环节进行系统化的规划。体育课堂教学设计是指为了学生更好地学习与发展而对体育课堂教学中相关的要素进行系统化的规划。体育课堂互动设计是体育课堂教学设计的一部分。它们都是体育新课程理念转化为体育教师教学行为的有效载体，而且对于提高体育课堂教学质量都有着非常重要的作用。获取途径：对教师进行问卷调查、看教案。

2．体育课堂互动的实施

体育课堂互动的实施也称为体育课堂互动的过程，是体育课堂互动至关重要的环节，也是体育课堂有效互动的重要保障。它包括"体育课堂互动的环境""体育课堂互动的广度""体育课堂互动的深度""体育课堂互动的内容""体育课堂互动的技巧""体育课堂互动生成"6个二级指标。

（1）体育课堂互动的环境。体育课堂互动环境是体育课堂互动教学赖以进行的各种内外部条件的综合，是体育课堂互动的重要组成部分，也是影响体育课堂互动效率的重要因素之一。它包含了物质与人文环境，即包含"互动时，师生、生生间关系是平等、民主的""互动时，师生、生生间关系是和谐、融洽的""互动时，场馆、器材配备齐全、充足""互动时，场馆洁净、美观""互动时，师生之间的物理空间距离合理""互动时，师生处在情感与工具相混合关系的情境中"6个三级指标。

①互动时，师生、生生间关系是平等、民主的。平等、民主的师生关系既是体育课有效互动的前提，也是体育课有效互动的保障条件之一。它体现了体育课堂互动的良好人文环境。

②互动时，师生、生生间关系是和谐、融洽的。和谐、融洽的师生关系既是体育课有效互动的前提，也是体育课有效互动的保障条件之一。它反映出体育课堂互动的良好人文环境。获取途径：课堂观察、等级式评分。

③互动时，场馆洁净、美观。器材配备齐全、充足的场馆是体育课堂互动的物质保障之一，它表现在体育器械是否安全，器材数量与场地大小是否满足互动的需求。获取途径：课堂观察、等级式评分。

④洁净、美观的场馆是体育课堂互动的物质保障之一，它在一定程度上影响互动主体参与的情绪与主观愿望。获取途径：课堂观察、等级式评分。

⑤互动时，师生之间的物理空间距离合理。由于体育课堂教学时，教师往往与前排或者自己视野范围内的较近学生发生互动的机会多一些，所以，为了实现体育课堂有效互动，应保证前后排位置动态性和学生位置轮换制，保持师生之间物理空间距离的动态合理。获取途径：课堂观察、等级式评分。

⑥情感与工具相混合关系的情景环境。根据参与者之间人际关系的性质，一般将课堂互动情景分为情感关系、工具关系和混合关系。与一般课堂互动中以思维引导为主所不同的是体育课堂互动中情感性关系显得尤为重要，情感性关系与工具性关系构成体育课堂混合关系的情景环境。获取途径：课堂观察、等级式评分。

（2）体育课堂互动的广度。体育课堂互动的广度指在体育课堂中师生、生生间互动范围领域的大小。它是体育课堂有效互动的重要保障之一。它包含互动主体参与程度、互动机会公平程度、不同角色扮演情况以及互动多向性，即包含"全体成员不同程度地参与互动""师生互动机会的公平性""师生在体育课堂互动中不同角色的扮演情况""师生、生生间互动具有多向性"4个三级指标。

①全体成员不同程度地参与互动。互动参与是学生获得体育与健康知识、

运动技能、提高健康水平、形成乐观开朗的生活态度的重要途径，全体成员不同程度地参与互动是体育课堂有效互动的基本保证。获取途径：课堂观察、等级式评分。

②师生互动机会的公平性是指在体育课堂教学中，教师给每个学生提供等量的互动机会，尽量做到公平、全面。公平且全面的互动既是体育课堂有效互动的起点，也是体育课堂有效互动的基础。获取途径：课堂观察、等级式评分。

③师生在体育课堂互动中不同角色的扮演情况。不同角色的扮演是指在体育课堂各种具体互动情境下，教师与学生具备了充当不同角色的条件，承担和再现角色的过程与活动。师生实现了不同角色的扮演的体育课堂是全面互动的体育课堂，也是有效互动课堂的保障之一。获取途径：课堂观察、等级式评分。

④互动多向性是指体育课堂教学中，师生之间，学生个体之间，学生个体与群体之间的交叉互动的过程。无论是体育理论课堂教学，还是体育实践性课堂教学，多向互动的教学效果是最好的。它是体育课堂有效互动的保障条件之一。获取途径：课堂观察、等级式评分。

（3）体育课堂互动的深度。体育课堂互动的深度指在体育课堂互动中师生、生生间相互投入、相互依赖的程度。它是体育课堂有互动的重要影响之一。它包含师生情感投入、实质性互动还是虚假互动、是否发生深层次思维等，即包含"师生互动热情高、注意力集中，积极主动""互动时师生晓之以理、动之以情""师生能围绕同一目标发生实质性互动""在体育课堂互动中，学生积极思考，充分发挥他们的创造力"4个三级指标。

①师生、生生间互动热情高、注意力集中，积极主动。在体育课堂教学中，师生对互动的热情度、注意力以及积极性是体育课堂有效互动的基础，也是体育课堂有效互动的保障条件之一。获取途径：课堂观察、等级式评分。

②互动时，师生、生生间能晓之以理、动之以情。在体育课堂互动中，师生、生生间能晓之以理、动之以情是体育课堂有效互动的重要保障条件之一。

获取途径：课堂观察、等级式评分。

③师生、生生能围绕目标发生实质性互动

在体育课堂互动中，师生、生生间能围绕目标发生实质性互动是体育课堂有效互动的至关重要的条件之一。获取途径：课堂观察、等级式评分。

④在体育课堂互动中，学生积极思考，充分发挥他们的创造力，这些是体育课堂有效互动的精髓所在。获取途径：课堂观察、等级式评分。

（4）体育课堂互动的内容。体育课堂互动的内容是依据体育课堂互动目标选择出来、根据学生发展需要和教学条件进行加工的、在体育课堂互动环境下与学生交流的体育与健康知识内容、技能内容、素质内容等。它包含互动内容的量和度，即包含"互动内容总量适中""互动内容有效量多""互动内容符合学生认知基""互动内容符合学生运动技能基础""互动内容符合学生的兴趣"5个三级指标。

①互动内容总量适中。在体育课堂教学中，互动内容过多，学生承受不了，导致"消化不良"，而互动内容过少，往往又出现学生"吃不饱"的现象，达不到体育课堂互动目的。因此，互动内容的总量控制是实现体育课堂有效互动的前提之一。获取途径：课堂观察、等级式评分。

②互动内容有效量多是指体育课堂互动内容中真正能够促进学生体育与健康知识、运动技能、身体、心理、社会适应等得到发展的，具有较强迁移性的内容比较多。获取途径：课堂观察、等级式评分。

③互动内容符合学生认知基础是指体育课堂互动内容要能让学生比较容易地熟知并理解，无论是与以前学习有关联的内容，还是全新领域的内容。获取途径：课堂观察、等级式评分。

④互动内容符合学生运动技能基础是指体育课堂互动内容的选择要考虑到学生现有的运动技能情况，要考虑到新旧互动内容应有较好的衔接性，让学生在既有运动技能基础上，轻松完成课堂互动任务。获取途径：课堂观察、等级式评分。

⑤互动内容符合学生的兴趣是指体育课堂互动内容让学生感兴趣，并激发学习欲望，积极参与互动，主动进行练习。获取途径：课堂观察、等级式评分。

（5）体育课堂互动的技巧。体育课堂互动的技巧指在体育课堂教学中促进师生、生生沟通的巧妙技能。它是体育课堂有效互动的可靠保证。它包含了"师生根据体育教学的实际需要合理地选择互动时机""师生通过短时间互动能有效达到目标""师生根据互动目标的难易程度合理地选择互动时间的长短""师生根据体育课的类型或教材特点合理地选择互动的频率""师生根据体育课的类型或教材特点灵活地运用言语与非言语手段""师生根据不同的互动情景合理地选择互动类型"6个三级指标。

①师生根据体育教学的实际需要合理地选择互动时机。这是体育课堂有效互动的必备条件之一。获取途径：课堂观察、等级式评分。

②师生通过短时间互动能有效达到目标。这是体育课堂互动有效率的体现，也是体育课堂有效互动的重要组成部分。获取途径：课堂观察、等级式评分。

③师生根据互动目标的难易程度合理地选择互动时间的长短。这是体育课堂互动合理性的体现之一，也是体育课堂有效互动的重要组成部分。获取途径：课堂观察、等级式评分。

④师生根据体育课的类型或教材特点合理地选择互动的频率。这是体育课堂互动合理性的体现之一，也是体育课堂有效互动的重要组成部分。获取途径：课堂观察、等级式评分。

⑤师生根据体育课的类型或教材特点灵活地运用言语与非言语手段。这是体育课堂互动灵活性的体现之一，也是体育课堂有效互动的重要组成部分。获取途径：课堂观察、等级式评分。

⑥师生根据不同的互动情景合理地选择互动类型。这是体育课堂互动合理性的体现之一，也是体育课堂有效互动的重要组成部分。获取途径：课堂观

察、等级式评分。

（6）体育课堂互动生成。体育课堂互动生成，是指在体育课堂师生、生生互动实践中，因课堂情况的动态变化，对互动目标、互动内容、互动过程以及互动策略的适当调整，以及在体育课堂互动教学中由于教师的教学机智和合理调控，产生的解决问题的思路与方法。它是体育课堂有效互动不可或缺的组成部分，是体育课堂教学的生命力所在，也是体育课堂教学最精彩的部分。它包括了"互动中，教师能捕捉到有价值的生成资源""根据生成资源，教师能及时调整互动过程""通过调整互动过程，教师促进新的互动目标的生成"3个三级指标。

①互动中，教师能捕捉到有价值的生成资源。在体育课堂互动过程中，由于教师与学生已有知识、经验、态度、情感、价值观等因素的渗透而瞬间生成的即时性资源，包括了错误性资源、问题性资源以及差异性资源，如果教师能从中捕捉到其中有利于学生发展的生成性资源，就能使课堂互动更精彩。获取途径：课堂观察、等级式评分。

②根据生成资源，教师能及时调整互动过程。针对这些有价值的生成资源，若不注意利用，这些资源将稍纵即逝，会白白流失，但如果体育教师能及时选择有价值的信息，并把它转化为新的课堂教学资源，调整预设的教学环节，进行生成性体育课堂教学，就能形成动态、精彩的课堂互动过程。获取途径：课堂观察、等级式评分。

③通过调整互动过程，教师促进新的互动目标的生成。根据学生在过程中的表现体育教师应调整互动过程，调整原有预设目标，并不断超越原有预设目标生成新的互动目标，使学生体育知识、运动技能以及社会适应能力等获得超越式发展。获取途径：课堂观察、等级式评分。

3. 体育课堂互动的结果

体育课堂互动的结果，亦称体育课堂互动的效果，是评价指标体系中能直接体现体育课堂互动有效性的指标之一，它能反映出体育课堂中师生、生生间互动的直接成果与间接成果。其中成果有短期的，也有长期的，其重点通过学生的发展度来体现。包括了"体育课堂互动促进学生运动参与""体育课堂互动促进学生体育与健康知识、运动技能的掌握及应用""体育课堂互动促进学生身体健康""体育课堂互动促进学生心理健康与社会适应"4个二级指标。

（1）体育课堂互动促进学生运动参与。促进学生运动参与是指在中学体育课堂中师生、生生间的互动能有效促进学生参与体育学习，端正锻炼态度以及养成锻炼习惯等。即包含"通过体育课堂互动，学生产生参与运动的兴趣""体育课堂互动使学生体验到运动的愉悦感，从而养成了自我锻炼的习惯""通过体育课堂互动，学生积极参与课外体育活动""通过体育课堂互动，学生对体育课产生期待"4个三级指标。

①运动兴趣是促进学生自主学习和终身坚持锻炼的前提，能激发学生参与运动兴趣是体育课堂有效互动结果的表征之一。获取途径：对学生进行问卷调查、课堂观察。

②在体育课堂互动中学生体验到运动的愉悦感，并从而养成了自我锻炼的习惯是体育课堂有效互动结果的表征之一。获取途径：向学生问卷调查、课堂观察。

③通过体育课堂互动，学生对运动有了更深认识，产生兴趣，就积极参与课外体育活动。这是体育课堂有效互动结果的表征之一。获取途径：向学生问卷调查。

④通过体育课堂互动，学生体验到其中乐趣，对体育课充满期待，希望天天都有体育课。这是体育课堂有效互动结果的表征之一。获取途径：向学生问卷调查。

（2）体育课堂互动促进学生体育与健康知识、运动技能的掌握及应用。促进学生体育与健康知识、运动技能的掌握及应用是指在中学体育课堂中师生、生生间的互动帮助学生对体育与健康知识认识，并学以致用，有效提升学生在学习与锻炼中完成运动动作的能力。既包含"通过体育课堂互动，学生能熟记、理解体育知识""通过体育课堂互动，学生的技术变得规范、娴熟""通过体育课堂互动，学生在比赛中灵活运用技术与战术""通过体育课堂互动，学生能以理论知识指导身体活动实践""体育课堂互动提高学生对体育与健康重要性的认识"5个三级指标。

①通过体育课堂互动，学生能熟记、理解体育知识。这是体育课堂有效互动结果的表征之一。获取途径：向学生问卷调查。

②通过体育课堂互动，学生的技术变得规范、娴熟。这是体育课堂有效互动结果的表征之一。获取途径：向学生问卷调查、课堂观察。

③通过课堂互动，学生在比赛中能灵活运用技术与战术。这是体育课堂有效互动结果的表征之一。获取途径：向学生问卷调查、课堂观察。

④通过体育课堂互动，学生能做到学以致用，以理论知识指导身体活动实践。这是体育课堂有效互动结果的表征之一。获取途径：向学生问卷调查、课堂观察。

⑤通过体育课堂互动，学生对体育与健康重要性的认识有所提高。这是体育课堂有效互动结果的表征之一、获取途径：向学生问卷调查。

（3）体育课堂互动促进学生身体健康。促进学生身体健康是指在中学体育课堂中师生、生生间的以身体练习为主的互动在一定程度上提升了学生身体形态、技能以及素质水平。即包含"体育课堂互动能促进学生身体机能得到改善""体育课堂互动能促进学生身体形态符合年龄特征""体育课堂互动能提高学生身体素质"3个三级指标。

①通过体育课堂互动，学生呼吸机能和心血管机能得到改善、即具体包括心率、肺活量以及血压都呈现出良好状况。这是体育课堂有效互动长期结果的表征之一。获取途径：向学生问卷调查。

②通过体育课堂互动，学生的人体外部的形态和特征与年龄相匹配、即包

括身高、体重、胸围都能与年龄相匹配。这是体育课堂有效互动长期结果的表征之一。获取途径：向学生问卷调查。

③通过体育课堂互动，学生的体肌肉活动的基本能力得到提高，即包括力量、速度、耐力、灵敏、柔韧等都能得到提高。这是体育课堂有效互动长期结果的表征之一。获取途径：向学生问卷调查。

（4）体育课堂互动促进学生心理健康与社会适应。促进学生心理健康与社会适应是指在中学体育课堂中师生、生生间的互动有效提升学生情绪调节、自信心、意志力、交往、合作以及竞争等能力，即包含"通过体育课堂互动，学生能以体育方式调节、控制情绪""通过体育课堂互动，学生自信心、意志力以及战胜困难的能力得到提高""通过体育课堂互动，学生交往能力、合作精神、体育道德水平得到提高""体育课堂互动促进学生发现问题、解决问题的能力得到提高"4个三级指标。

①通过体育课堂互动，学生学会通过体育锻炼释放压力，积极面对失败与成功，保持稳定情绪。这是体育课堂有效互动长期结果的表征之一。获取途径：向学生问卷调查。

②通过体育课堂互动，学生在较困难体育活动中表现出的自信、意志力以及战胜困难的勇气得到很大提升。这是体育课堂有效互动长期结果的表征之一。获取途径：向学生问卷调查、课堂观察。

③通过体育课堂互动，学生在体育活动中主动与同伴进行交流，乐于与同伴共同参与体育活动，努力实现共同目标，并在体育活动表现出公平、诚实、友爱、礼貌以及尊重等道德水平。这是体育课堂有效互动长期结果的表征之一。获取途径：向学生问卷调查、课堂观察。

④通过体育课堂互动，学生在体育活动中学会发现问题、思考问题以及解决问题。这是体育课堂有效互动长期结果的重要表征之一。获取途径：向学生问卷调查、课堂观察。

4. 体育课堂互动的反思

反思是近代西方哲学中广泛使用的一个概念，又译为反省，一般是指行为主体立足于自我以外批判地审视自己的行为及其情景的能力。所谓体育课堂互动的反思，是指教师以批判与审视的眼光对体育课堂互动实践的再认识、再思考，并以此来总结经验教训，进一步提高体育课堂有效互动水平。一直以来，它都是体育教师提高个人体育课堂教学水平的一种有效手段。其包含"互动目标达成程度的反思""互动生成的反思"2个二级指标。

（1）互动目标达成程度的反思。互动目标达成程度的反思是指从体育课堂互动结果评价体育课堂设定的各个互动目标的完成情况的再思考，并总结经验。它具体包含"互动主体参与程度的反思""互动主体发展程度的反思"2个三级指标。

①互动主体参与程度的反思。在体育课堂互动中，师生的参与程度是体育课堂有效互动的基本保障之一，教师通过对师生参与互动情况的审视与反省，找出影响师生参与互动影响因素，并提出解决问题的办法，更好地促进体育课堂有效互动。获取途径：对教师进行问卷调查。

②互动主体发展程度的反思。在体育课堂互动中，互动主体的发展程度是体育课堂有效互动的长期结果之一，教师通过对一段时间体育课堂互动教学后学生在运动参与、体育与健康知识、运动技能、身体健康以及心理社会适应等方面取得的进步进行审视与反省，争取发现问题，找到对策，更好地促进体育课堂有效互动。获取途径：对教师进行问卷调查。

（2）互动生成的反思。互动生成的反思是指体育教师对自己在课堂互动中是否有捕捉、利用有价值生成资源，并依据情况及时调整互动过程的反省。即包含"对能否发现有价值的生成资源的反思""对遇到意外情况能否调整互动过程的反思""对能否促成新目标达成的反思"3个三级指标。

①对能否发现有价值的生成资源的反思。对能否发现有价值的生成资源的反

思是指体育教师对自己在体育课互动过程能否捕捉到有价值的生成资源进行深刻的思考与反省，分析其中的原因，以利于自己在今后课堂互动中更好地捕捉有价值的生成资源，促进体育课堂有效互动。获取途径：对教师进行问卷调查。

②对遇到意外情况能否调整互动过程的反思。对遇到意外情况能否调整互动过程的反思是指体育教师对自己在体育课互动过程中遇到意外情况是否调整互动过程进行深刻的思考与反省，分析其中的原因，以利于自己在今后课堂互动中遇到意外情况时能更好做出调整，促进体育课堂有效互动。获取途径：对教师进行问卷调查。

③对能否促成新目标达成的反思是指体育教师对自己在体育课互动过程中遇到新情况是否调整原有预设目标，并引导生成新的互动目标进行深刻的思考与反省，分析其中的原因，以利于自己在今后课堂互动中遇到新情况能及时调整原有预设目标，并促成新目标达成，促进体育课堂有效互动。获取途径：对教师进行问卷调查。

第五章

中学体育教学的互动实践——游戏教学

第一节　体育游戏的多重教育作用

一、提升学生自主学习能力

（一）相关概念的界定

1. 自主学习

自主学习作为新时代最主要的学习方式之一，影响着各个学科的发展，也是众多学者深入研究的领域。

自主学习不是简单的自学，也不是简单的自学成才，而是在具体的学习过程中需要一定的自我学习动机、自我监控和调节、自我检查和自我总结以及自我评价等内部因素的影响，还需要教学环境、教师引导及教师评价等外部条件来共同进行干预。

2. 自主学习能力

自主学习能力是指学习者对自己的学习负责。拥有自主学习能力的人不仅学会了知识，而且还能把所学到的知识灵活地运用到实际的生活中。自主学习能力包括四个主要方面：对学习的有计划、评价反馈学习效果、自我管理能力以及自我学习目的明确。

提高学生的自主学习能力是可以通过教师改善教学模式，合理采用教学方法来实现的。学生在体育课堂上的自主学习能力则更偏重于实践运用方面。因此，只有通过转变教师教学观念，更新和优化教学方法，简化运动技能的学习，才能使学生又好又快地掌握运动技能。

（二）自主学习理论分析

1. 建构主义教学理论

建构主义是由认知发展理论衍生出来的。建构主义主张世界是客观存在的，但是对事物的理解却是由每个人自己决定的，不同的人由于原有经验不同，对同一事物会有不同的理解。因此，建构主义学习理论认为，学习是引导学生从原有经验出发，建构新的经验。通过体育游戏的具体实施，让学生在学习体育技能的同时，采用游戏的手段，改善学习方式，学生能够构建新的学习经验并进行主动学习。另外，学生可以借助同伴或者教师的帮助，顺利完成体育技能的学习。在体育游戏教学实验过程中，学生学习动机和兴趣得到提高，除了自身积极主动地学习外，还有人际间的协同配合与竞争，学生自主学习能力的各方面均有所提高，并在一定程度上提高了教学的效果。除了上述的理解之外，建构主义还认为学习是在一定情境，即社会文化背景下，借助他人的帮助，如人与人之间的协作、交流，利用必要的信息等，即通过人际间的协作活动而实现的意义建构过程。

建构主义主要包括知识观、学习观、师生观、教学观等四大方面。第一是知识观，主要是对知识的理解，还需要个体基于自己的知识经验而建构。教师不再直接传授知识给学生，这就需要学生通过自主学习来建构新的经验。第二是学习观，主要说明学习过程是由自己控制的，自己选择学习内容，自己主动参与学习的学习方式。这些观点都证明通过体育游戏来提高学生自主学习能力是可行的。第三是师生观，主要是教师要把学习的主动权交给学生，要积极引导学生学会学习和思考。通过教师的帮助，学生的主动学习得到了保障，这样的变化使自主学习的开展有了可靠的保证。第四是教学观。教学是教师的教和学生的学共同组成的活动，教师在教学中要充分调动和发挥学生学习的积极性、主动性及创造性，帮助学生学会主动学习，使学生完成对当前所学知识的建构。

2. 学生主体作用论

学生主体作用是指学生在学习过程中所起的主要作用，主要表现在体育游戏教学实验过程中学生主体性品质的建构上。其主要的表现特征为：在开始学习体育技能时，学生学习动机中的主体意识得到充分唤醒；在练习体育技能过程中，学生的主体能动性、主动性和创造性都能得到充分发挥；在监控体育技能时，学生能最大程度地发挥主观能动性并能调整练习方法；在评价练习成果中，学生的潜能得到挖掘，主体价值得到尊重，自我评价和互评能力得到的发展。可以明确，学生是学习体育技能的主体，教师作为教育者主要起主导作用，游戏教学法就是促使学生积极主动地参与到游戏中来，使其主动地学习。通过教师积极地去讲解和示范游戏动作，从而激发学生学习兴趣与动机。学生能够主动地去学习，从而将会促进其全面发展。

根据上述观点，学生是教学的对象，同时也是学习的主体，具体表现在：学生作为教育对象的基础在于可教性，而作为学习的主体主要在于其主观能动性。因此，在实施体育游戏教学实验过程中，要考虑到学生身心健康发展的基础，还应该考虑到影响学生主动学习意识的因素，进而在教学中通过游戏的手段，来验证学生学习动机与兴趣的提高、学习态度、情感意志以及技能掌握情况的变化，进而通过教学实验后数据综合分析来反映学生自主学习能力的提高。

体育游戏引入学生课外体育教学后，学生体育自主学习能力总体水平有所提高；学生在体育自主学习能力的五个维度上相应都有提高，主要分为内在机制和外在表现两个方面，学习过程和学习环境这两个维度上作为外在表现有显著提高，学习动机维度作为内在机制提高得较少。通过参与体育游戏，学生的参与感和成就感得到很大的提高。进一步与学生交流后发现，体育游戏能够使他们更加积极主动地学习运球技术，主要表现在学生学习兴趣的提高、学习方法的掌握及学习过程的自我管理等。

在实施体育游戏教学过程中，学生学习体育知识的主动性在不断提高，并且能在学习的过程中发现问题，及时请教教师或者同伴；在课上能够基本排除外界干扰，课下能够积极复习上课内容，并且能对每一阶段的学习效果进行自我总结和评价，并将评价结果及时反馈给教师。

体育游戏的创编在内容上突出了体育项目的特点和学生学习的主动性，从而丰富了现有的体育游戏的创编内容，在体育自主学习、体育游戏创编理论和实践研究领域有了新的探索。

在体育游戏教学实施过程中，充分体现了学生是学习的主体，教师主要引导学生积极参与和设计游戏。学生既是游戏的直接参与者，又可以是游戏的设计者。在教学过程中，学生可以根据自己的需要，自主地变换不同的游戏方式和内容，在教师的指导和帮助下，开展新的游戏活动或比赛，这在一定程度上发展了学生的自主创新思维和自主学习能力。

二、眼手协调运动能力

（一）相关概念的界定

1．动作

动作是制约学生身心发展的因素之一，也是反映学生生长发育的重要指标之一。动作的发展与脑的形态及功能的发展具有密切的相关性。动作是内部结构主导的一种外在表现，内部结构有什么样的反应，就会产生什么样的动作。

对学生进行动作干预，不仅能够促进其机体的生长发育，促进其骨骼的发育，而且能够帮助其发育大脑，最后促进其身体协调能力的提高。所以，为了学生能够得到大脑和身体心理的更好发育，可以有选择性、有针对性地对其进行有利的动作干预。

2. 协调

协调即配合得当，和谐一致。协调是一种平衡状态，即在离散图式之间建立并形成的一种新的协调状态。协调的一般含义是指，两个或两个以上动作或事件同时发生或相继发生时，相互间所形成的一种彼此适应、相互协作、相互协同、相互对称、配合得当的一种人体运动状态或动作时空关系。协调性则是指身体作用肌肉群的时机准确、动作方向的变化和速度的配合恰到好处，平衡且稳定，具有节奏感。学生协调能力是学生通过感觉器官受到内、外环境变化的刺激或是达到预定目的，再经过中枢神经系统合理调配运动的器官或肢体，能够准确无误地完成整个身体、运动部位的移动或达到预定目的的本领。

3. 眼手协调

大多数学者认为协调能力是感官与肢体之间的协调，是感知与运动之间的配合。而本研究是在前人的基础上将协调能力更细化一步，细化到眼与手的协调配合，即视觉感知能力与上肢运动能力之间的有效配合。简单来说就是通过口令，眼睛看到，上肢就可以配合做出相应反应并能够完成既定任务的一种能力。眼手协调的动作的三个维度为：眼手配合固定双侧型动作、移动双侧交叉型动作、固定器材相对固定型动作。

（二）建立学生眼手协调测试指标体系

1. 眼手协调的生理机制

眼手协调就是眼睛看到事物获得信号之后，将之传递到神经系统，然后给出反应，并通过肢体动作展现出来，协调上肢随时间及空间的变化运动。动作协调需要多种学科相互渗透、相互交叉。在人体运动过程中，人们将视觉与身体动作协调的能力称为"视—动协调"。此类动作是通过身体的协调，将视觉和肌肉运动结合在一起，有手和眼睛的协调，也有脚和眼睛的协调。从生态学的角度来看，人们在做出了一个动作之后，会随着接收到的环境释放出来的信号而做出调整。也就是先做出动作，然后感知信息，获得知觉，最后再调整动作。

2. 学生动作指标的理论基础

按照学生身体发育的基本规律，4岁的学生，在基本的走跑跳爬的基础上，加入了技巧性的技能，能够避开障碍物完成躲闪、随机变向等动作，这个时候他们眼和脚的协调性还不是很好，这种动作对于他们而言难度还比较大。到了5岁的时候，学生在基本动作之上可以进行换脚或者是移动重心。所以说，幼儿园中班之后的孩子能够完成基本的走跑跳爬动作，实现眼与手的协调配合，但眼与脚的协调配合动作不流畅，以及在运动中方向的转变迟缓，还达不到重心自如转换的程度。因此，这个阶段发展眼手协调能力很有必要，但在选择动作难易程度上要根据学生动作发展能力来进行。

中学生对新事物都充满了好奇，而且喜欢去尝试，会主动地进行动作模仿，有一定的表现欲。这一年龄阶段也是眼手协调发展的敏感期和关键期，学生可以在视觉的配合下进行手部动作的操作。对于学生整体发展规律，上肢的操作相对于下肢操作来讲比较简单。按照学者已经得出的结论，结合学生生长发育的基本规律，加上现有的儿童眼手协调能力的理论研究，选择出具有代表性和参考性的指标，并进行测试，从中选出具有实际作用的指标，能更好地弥补和发展学生眼手协调能力。

指标的选定理论依据还会参考空间移动眼手的配合，"接"就是一个锻炼手眼协调能力和对身体控制度很好的动作，可以通过手接球的动作来锻炼学生这个方面的能力。而且当儿童"接"的动作熟练和灵敏到了一定的程度，也有助于其后面球类运动能力的提升。

根据各项研究结果以及理论知识，结合4岁到5岁之间学生身体发育的规律和特点，以及协调能力发育的水平，可以设计出以下眼手协调的指标：收放金蛋、手膝着地爬、手接抛球、手推独轮车、手推滚环、重复钻圈、手接弹球、三点接抛球、折返跑、原地拍球。

（三）学生体育游戏教学内容体系构建的理论依据分析

从教学现状来看，个别体育教师在游戏设计过程中依据以往经验或采用传统游戏教材，没有考虑到选择这个体育游戏的目的是什么、达到一个什么样的教学目标，没有主题、没有目标地去教学。针对体育游戏提高学生眼手协调设计学生游戏课程时，要从以下几个方面考虑：一是促进学生智力的发展。学生期是感知觉和运动发展的关键期，大脑的学习信息有赖于感官与运动的输入。二是促进身体素质的提高。眼手协调发展是促进学生体质的核心，手部动作不仅促进了学生手上小肌肉群的发展，也使学生双手力度大大提高。三是促进学生情感的发展并产生内在的心理感受。学生眼手协调课程游戏中引导学生情感的投入，利于情感的发展。协调能力的提升是身体素质全面进步的根基，有助于身体安全的控制和优美动作的展现，可以减少不必要的麻烦，提升未来生活质量。

1. 人类动作发展理论

人体机能的发育是有既定规律的，婴幼儿阶段以及青春阶段是发育的主要阶段，儿童期会相对缓慢，但是相对比较稳定。人类生长发育有两个方向，一个是由头到尾，一个是由近端到远端。由头到尾方向是指身体的生长发育从头部最先开始，最后到脚趾，头部发育的完成要早于躯干和腿部。身体的生长发育也遵从另一个方向，即由近端到远端。从出生到成人，头部的大小是出生时的两倍，躯干的大小是出生时的三倍，四肢是出生时的四倍，这是由头到尾方向和由近端到远端方向发育模式的例证。

动作发展就是指个体在自然成长的过程中由人体神经中枢、神经、肌肉协同控制的身体动作变化的客体描述。学生的动作发展是身体活动能力发展的基础。所有的动作练习都是为生活经验打基础、做准备。生活经验储备得越丰富，在遇到突发或紧急事件时越能及时做出反应，更好避免意外事故的发生。

进入学生时期，身体发育仍处于快速发展阶段。根据学生的生长发育规律与动作特点，3～6岁是学生基本动作发展的关键期，基本动作的发展是少儿时期学习专门化运动技能的基础，是学生初始阶段向成熟阶段的递进过程阶段，即基本动作发展阶段。这一时期给学生足够的活动时间、空间，不仅可以有效地促进学生眼手协调能力的发展，也可确保学生在正常发展的基础上有所提升。

学生身体动作发展规律具有顺序性、阶段性、不平衡性、不可逆性、个体差异性、分化与互补性六大基本特征。而且其动作的发育需要按照阶段来循序渐进。蒙台梭利在其研究中总结出儿童发展九大敏感期，并给出相应的建议，0～6岁是动作发展的关键期，4～6岁是灵敏与协调发展的敏感期，尤其是眼手协调能力发展的敏感期，5～6岁是眼脚协调能力发展的敏感期。每一个敏感期都是不可替代的，错过以后会很难弥补，尤其是在12岁以后。此外，3～4岁是学生平衡能力发展的敏感期，5～6岁也是力量和耐力发展的最好阶段。知道了这些特定的阶段，就能够有针对性地对学生展开体育活动，有选择性地开展教学活动，为教学内容和方式的选择和编排等提供可靠依据。

2．运动解剖学理论

在运动解剖学中，人体部位的运动主要在三个基本切面进行，分别为矢状面、冠状面和水平面。根据学生动作发展规律和动作发展程度，这一阶段的学生做出来的动作比较单一，他们做出的简单动作可以在骨骼肌肉的协调下以单一关节为轴在一个切面反复进行。而比较复杂的动作就需要不同部位的骨骼肌肉以不同的关节为轴进行多切面范围的运动，这时做复杂的动作就需要有较强的肢体控制能力。因此，在制订 3～6 岁学生动作协调能力指标时，不仅要让学生能把简单的动作在单一切面范围内完成，还要保证将多个简单基本的动作连贯起来，并能在多个切面范围内反复多角度完成。

（四）学生眼手协调主题游戏体系构建

根据学生生理和心理特点，并结合相关专家的经验和建议以及自身从事体育教学专业的知识和经验，以走、跑、爬为主要基本动作的变换形式为主要游戏活动内容，设计提高学生眼手协调能力的体育游戏。每个主题游戏的内容是独立的，游戏设计有内容升级的部分，每一次都是动作由简单到复杂的升级过程，完成难度逐渐增加。主题游戏设计之间也有联系，从以眼手上下、左右的配合逐渐向转身，从整个眼手系统完成再向手脚、眼脚过渡。

三、优化学生注意力

（一）文献综述

1. 注意力与刺激的关系

心理学家使用"刺激水平"来描述人感到无聊或兴奋的程度，它的水平高低是通过人的肾上腺素分泌的数量来判断的，而肾上腺素的分泌数量是受刺激源控制的。当一个人受到过多的刺激，他的肾上腺素分泌就会过高，此时个体就处于一个过度兴奋的状态，其表现出来的状态就是紧张、兴奋、担心、愤怒或害怕等；当个体没有受到刺激时，其肾上腺素分泌就会不足，致使其缺乏足够的驱动力，那他表现出来的状态就会是停滞不前、行动缓慢或毫无动力等。所以，一个人无论缺乏刺激还是受到过多的刺激，他的注意力都是难以集中的。但是，当一个人受到适度的刺激时，他的肾上腺就会分泌出适量的肾上腺素，其表现出来的状态就是积极的、自信的和注意力集中的。专家把这种状态称为"最优刺激"状态，虽然肌肉是放松的，但意识却始终处于警惕的状态，这时的人就具备了最佳的注意力。

2．教学理论

（1）学习理论。

①行为主义学习理论认为学习是刺激与反应之间的联结，其基本假设是：行为是学习者对环境刺激所做出的反应。把环境看成是刺激，把伴随的有机体行为看作是反应，认为所有行为都是习得的。行为主义学习理论应用在学校教育实践上，就是要求教师掌握塑造和矫正学生行为的方法，为学生创设一种环境，最大程度地强化学生的合适行为，消除不合适行为。学者在观察学习理论中指出，人类大量的行为都是通过示范、观察、模仿的途径获得的。行为主体通过实际的反应操作和观察活动将表现于外的物理操作的行为结构转换成相对稳定的内部认知结构，这就是行为的习得过程；而行为主体将内部认知结构转换成实际的、物理的反应操作过程，形成了行为的表现过程。所以人类并不需要实际操作某一行为反应获得学习，可以在观察过程中将榜样的示范转换成自己的内部认知结构或认知表征，从而获得对这一行为的学习。这样就有了观察学习的契机，因为几乎所有起源于直接经验的学习现象都可以通过观察他人的行为及结果而替代性地产生。

注意示范事件是观察学习的第一步，观察学习的方式和数量都由注意过程筛选和确定。注意过程是指观察者将其心理资源专注于示范事件的过程，是示范事件影响观察者从而产生观察学习的出发点，整个注意过程其实就是注意力集中的一个过程。注意过程是观察学习的起点，通过该过程实现了观察者与被观察者及其观察信息的联结，实现了由自然情景向心理情景的过渡，而注意力正是人认知过程的重要伴随特征。因此，班杜拉在观察学习的起始阶段就强调了注意力在认知过程中的重要作用。

在体育教学中，体育教师会在教一个新的体育技术动作之前做一个标准的动作示范让学生们进行观察学习，这样做的目的是为了确保学生能通过注意力集中的过程使他们由自然的情景向心理情景过渡，从而达到学习的起始阶段。在注意力集中的这个过程当中，学生会很自然地将自己的注意力集中到体育教师的示范动作上，该过程让体育教师、学生和体育的技术动作实现了联结，也就意味着学生已经进入学习体育的状态。观察主体首先是独立的社会实体，同时它又是社会环境的组成因素，观察主体的活动是以感知觉为基础的心理活动或认知活动，它取决于观察主体注意的一个方面或自觉机制。只有在唤醒或自觉的注意状态下，观察者才能接受示范事件的影响发动感知觉活动对示范事件加以观察。

对于初学体育的学生来说，他们自身的注意力会因为体育教师所做的示范动作而处于一种唤醒状态，即表现为开始集中注意力了，此时便意味着接受体育教师示范动作的影响而开始观察和学习。但是，并不是每一个学生都会在体育教师开始做示范动作就迅速进入唤醒状态，有的学生会因为自身注意力的不集中，所以唤醒状态到来的比较晚，此时体育教师所做的示范动作已经做了一半甚至结束了，那学生就没有学到该项体育技术的动作。所以，体育教师在教学过程当中不能只采用示范教学法这种单一的教学方法，还需要糅合一些其他能够唤醒学生注意力的教学方法，从而让学生们的注意力得到更多唤醒的机会。

②建构主义学习理论是以建构主义理论为指导思想的学习理论。其基本观点是：知识是在学习者头脑里被构造出来的；认识是个人独特构造活动的结果。它最基本的含义是关于认识活动的本质分析，对学习的建构过程进行深入地解释；建构主义的核心观点是给学生提供活动的时空，让主体主动构建自己的认知结构，培养学生的创造力；建构主义十分重视已有的知识经验、心理结构的作用，强调学习的主动性、社会性和情境性。"游戏教学法"则是将教师

所教的基本体育技术与学生们感兴趣的游戏方式结合在一起，以"玩游戏"的方式为学生们构建所学过的体育知识。

建构主义提倡在教师指导下的、以学习者为中心的学习，也就是说，既强调学习者的认知主体作用，又不忽视教师的指导作用。教师是意义建构的帮助者、促进者，而不是知识的传授者与灌输者。学生是信息加工的主体，是意义的主动建构者，而不是外部刺激的被动接受者和被灌输的对象。

学生要成为意义的主动建构者，要求学生在学习过程中从以下三个方面发挥主体作用：第一，要用探索法、发现法去建构知识的意义。第二，在建构意义的过程中，要求学生主动去搜集并分析有关的信息和资料，对所学习的问题要提出各种假设并努力加以验证。第三，要把当前学习内容所反映的事物尽量和自己已经知道的事物相联系，并对这种联系加以认真的思考。

对于初学体育的学生来说，体育教师仅仅起到了指导与帮助作用，要真正学会还需要他们自己积极地探索，发现做好每一个动作的技术要领，并不断地去尝试去领会。但并不是每一位学生都对学好体育充满着强烈的渴望，当体育教师教授技术动作的时候，他们的注意力集中性容易降低，导致无法集中注意力去成为学习中的主动建构者，从而也降低了他们主动探索、发现的愿望，成了学习当中的被动接受者和被灌输的对象，对他们学好体育是一大阻碍。此时体育教师需要采用一些能够提高他们注意力的教学方法，以提高他们主动探索、发现的积极性，让他们能够从学习的被动接受者和被灌输的对象转变成为主动建构者，努力去学习和领会每一个技术动作的要领。

③认知学习理论把注意力的研究推向了高潮。认知主义学习理论认为，学习并非直接地、机械地联结，而是以学习者的主观能动作用为中介来实现的。

在体育教学所使用的教学方法中，"游戏教学法"以"玩游戏"的形式让每个学生都能在学习体育的过程中享受到体育所带来的乐趣，从而也调动他们学习体育的主观能动性。但是认知心理学家们对注意力的注意程度显著提高，如加涅分析了学习过程中必须按顺序完成的八个基本阶段：注意力、目标预期、提取先前知识、选择性知觉、语义编码、做出反应、反馈强化、提取应用。从这八个阶段可以看出，注意力是学习过程中所经历的第一个阶段，只有通过了这个阶段才能继续进行后面阶段的学习。加涅还特别强调了学习者首先应该要调节自己的注意力，对可能接触到的教学信息保持警觉和敏感，给予关注。工作记忆是指个体在执行认知任务过程中暂时储存与加工信息的容量有限的系统，是人类认知活动的核心，是学习、推理、问题解决和智力活动的重要部分。

（2）体育心理学理论。

①一般心理技能的干预。技能是通过练习熟练掌握某种技术而形成的属于个体的一种身体和智力的操作系统。而心理技能是通过练习形成的能影响个体心理过程和心理状态的心理操作系统，是一种与人类的生活、学习、工作、劳动、身心健康，以及调节与提高人体身心潜能相关的，在人脑内部进行与形成的内隐技能。学生在学习运动技术和在比赛中把最好的技术水平表现出来的过程中，需要具有动员、调整和控制自己的心理过程及心理状态的技术。这些心理调节技术通过练习，熟练掌握后并能够有效地去运用，就形成了心理技能。心理技能可分为一般心理技能和专门化心理技能。一般技能是指适合所有运动项目特点的心理技能，如应激控制、唤醒水平控制、目标设置、注意力的集中和表象技能。

在学生学习体育的过程中，他们的心理状态也会因为每个人心理技能的不同而不同，所以在训练中的表现也会因为他们心理的状态而出现起伏。因为有的学生的注意力非常集中，能够将注意力放到所要进行的表象内容上，即练习的内容。比如，当体育教师在讲解所要进行的训练内容时，他们集中注意力领会到体育教师的意图，在接下来的训练中表现得很自如，从而慢慢地达到体育教师对他们的要求，并且还能够在进行练习时仅专注于当前的练习，而阻断和消除外界事物对他们的影响。所以，体育教师需要采用一些合适的教学方法来调节学生的心理状态，提高学生注意力的集中性，让他们都能够在训练中可以及时调整自己的心理状态，拿出自己最佳的训练状态。

②体育教学中学生的个体差异也称个别差异、个性差异，是指个人在认识、情感、意志等心理活动过程中表现出来的相对稳定而又不同于他人的心理、生理特点。体育教学的对象是一个个具有独特个性的学生，每个学生由于遗传素质、社会环境、家庭条件和社会经历等的不同，形成了个人独特的"心理世界"和生理特征，从而表现为个体之间的差异性。由于体育教学自身的特点，个体差异在体育教学中表现得比其他学科更为突出，它直接或间接地影响着教学过程及其结果。

学生的个体差异不仅体现在体能和运动技能方面，还体现在体育能力、智力因素及个性心理等方面。其中，智力因素差异包括观察力、记忆力、思维能力、想象力和注意力。

3．注意力对体育教学的影响

（1）注意力的集中性是青少年学好体育所需要的一种能力。在学习体育的过程中注意力的集中就成了一项不可或缺的能力。高度集中的注意力能帮助学生轻松完成这一系列技术动作。

（2）注意力的集中性是学好体育必需的心理技能之一。当今体育运动的发展趋势也是对时间、空间的一种充分利用与争夺，攻守形式多样化，攻守过程中追求更快的速度以使攻守效率最大化，这些都是现代体育演变的标杆，对球员的竞技能力和心智成熟的要求也越来越高。

注意力是学好体育必须要具有的心理技能之一，所以对于注意力集中性的锻炼也成了重要的教学任务之一。如果学生不具备这个心理技能，注意力总是无法集中，那么在学习体育基本技术的时候练习效率就会很低，练习质量也会随之而降低，当学生进行比赛的时候技术动作就很容易变形，并且失误也开始增多。而在体育教师对青少年进行体育教学的时候，往往会忽略对这一重要的心理技能的锻炼，更不会针对这一心理技能采用取有针对性的教学方法。

4. "游戏教学法"中的刺激源与学生注意力集中性的关系

学生正处于人生的初级阶段，心智不成熟，体育教学中的体育游戏比较有趣、新颖，运用多种多样的游戏培养学生的智力，不但可以提高学生的认知能力，还可以起到集中学生的注意力的作用。体育游戏对儿童、青少年具有强烈的吸引力，他们可以在游戏活动中卓有成效地发展按照生活需要和自己的意愿自由支配身体行动的能力。在体育活动中，青少年可以动静交替，视、听、想、练有机结合，从而在大脑皮层相应的运动区和言语区建立起多种复杂的神经通路，使大脑皮层神经过程的均衡性和灵活性得到改善和提高，抽象思维能力、形象思维能力得到更加充分的发展。

体育游戏是在轻松愉快、生动活泼的情境中进行的一种复杂的条件反射过程，它取决于大脑皮质对内外感受器所产生的各种信号的分析能力，在游戏中不仅需要学生具有较强的观察力、记忆力和判断力，而且还要求学生的视、听、触、平衡、时间、空间等感觉灵敏，还要具有一定的认识问题、分析问题的能力，从而为学生的智力发展提供途径。教师正是利用了"游戏教学法"的趣味性和娱乐性在体育教学中能够改变学生心理认知水平这一功能，并符合学生年龄的特点和身心发展的规律，才将游戏视为对学生注意力集中性的刺激源，在体育教学中予以运用。

（二）概念界定

1. 注意力的概念

（1）注意与注意力。注意是心理和行为的始端，是人心理或行为活动对某一事物的精神集中。注意力就是指拥有掌握注意的能力，这种能力可以在我们需要注意的时候将注意利用起来。注意力是组成智力的五大因素之一，其余四个因素分别是记忆力、观察力、想象力和思维力，而注意力就是进行其他四个智力活动的起始状态，即组织和维持智力活动的"指挥官"。正是由于注意力存在，人们才能进行正常的学习活动。

（2）注意的特征。注意有两个基本特征：一个是指向性，一个是集中性。注意的指向性指的是在某一段时间内人把有限的心理活动或认知资源放在了某些刺激上，而没有注意到其余的刺激，指向性不同，人们从外界接收的信息便不同；而当心理活动或认知资源指向了某些刺激，便会在这些刺激上集中或紧张起来，同时提高兴奋性，这便是注意的集中性。注意的指向性表现为对出现在周围环境中的许多刺激的选择，注意的集中性表现为停留在所选刺激上的强度或紧张度。能够掌握注意的能力同样也具备了注意的特征，所以注意的特征也就是注意力的特征，这里所提到的"注意力的特征"即"注意的特征"。

2．教学方法对影响青少年注意力的研究现状

大部分学生对体育课都充满了浓厚的兴趣，但是他们在课上的注意力特别容易被分散。从教学视角上可以引入情景设计，即通过有趣的情景设计和情景再现，调动学生的积极性，从而活跃课堂气氛，使学生被一种轻松而又愉快的氛围所包围，刺激学习兴趣的生成，让学生在"玩"中学，以提高课堂的注意力。

第二节　发展速度游戏

一、人、枪、虎

（一）练习目的

发展速度。

（二）场地器材

空地一块，画三条白线，中间相距十米。

（三）练习方法

（1）讲清游戏追逐的逻辑关系："人"拿"枪"，"枪"打"虎"，"虎"吃"人"。

（2）将游戏者分成人数相等的两组，每组给十秒钟确定本次统一的"口令"。当听到"预备"的指示后，两组队员在中间白线两侧一对一站立，听到"开始"的指示后，两队同时报出事先确定的"口令"并做出相应的动作。然后根据判断，一组反身逃跑，一组进行追击，在规定的距离内，抓到人数多的一组为胜。

（四）规则与要求

①预备时间 5 ～ 10 秒。

②报出"口令"并做出相应动作。

③在追击过程中必须直线跑动。

（五）注意事项

①强调安全教育和保护措施。

②场地可以灵活选择。

③可采用三局两胜或五局三胜制。

二、迎面接力赛

（一）练习目的

发展速度。

（二）注意事项

场地一块，接力棒若干。

（三）练习方法

将学生分成人数相等的两队，各队再分成两组，相距三十米，面对面成纵队站立，一组排头持棒站在起跑线后。教师发令后，排头迅速起跑，将接力棒交给本队另一组排头，另一组排头起跑，排头站到另一组的排尾，依次进行，每人都跑完一次，先跑完的队为优胜。

（四）规则与要求

①接棒时不得超出限制线。

②接力棒必须交到手中，不得抛接，掉棒时由本人拾起。

（五）注意事项

①跑的距离应根据学生具体情况和需要设定。

②交接棒时注意要错位交接。

③严密组织，规定学生的跑动路线，避免相互碰撞。

④强调安全教育和保护措施。

三、喊号追人

（一）练习目的

发展速度及反应能力。

（二）场地器材

在平整的场地上划一直径为 10 米的圆圈。

（三）练习方法

学生站成圆圈，从排头开始由一到八向后报数，要求每人记住自己的号数。练习开始时，每人按规定方向沿圆圈慢跑，在跑步中听到教师喊"某"号时，该号数的人立即离队从队外沿圆圈向前疾跑去追赶前边的同号人，未叫到号的同学立定站好。在跑回原位之前以手触及前面同号者得一分，如追不上，跑至自己原位时归队，重新开始。

（四）规则与要求

①追逐者必须从圈外跑。

②没听到叫号者不得阻挡被叫号的同学。

（五）注意事项

①圆圈的大小可根据学生人数适当调整。

②严密组织，规定学生的跑动路线，避免相互碰撞。

③强调安全教育和保护措施。

四、看谁动作快

（一）练习目的

发展反应速度，提高平衡能力。

（二）场地器材

垫子两块。画两条相距二十米的平行线，一条为起跑线，一条为终点线，距起跑线十米处平行放置两块垫子。

（三）练习方法

把练习者分成人数相等的两队，面对垫子，成纵队站在起跑线后。

听到教师发令后，各队排头跑向垫子，在垫子上做一个前滚翻后，跑至终点线返回，再在垫子上做一个离地 15～20 厘米的挺身跳，跑回起点线击第二个练习者的手掌，第二人开始跑，依次进行。练习结束时，以速度快的队为胜。

（四）规则与要求

①去的时候在垫子上必须做前滚翻。

②垫上动作漏做一个扣一分。

（五）注意事项

①根据练习者的技术情况，垫上动作可加大难度，如后滚翻、鱼跃前滚翻、侧手翻等。

②强调安全教育和保护措施。

五、"十字"接力

（一）练习目的

发展奔跑速度，培养学生互相合作的精神。

（二）场地器材

接力棒四根，画一个直径 10～15 米的圆圈，通过圆心再画两条互相垂直的线组成一个"十"字，十字线延长到圈外一米，作为起跑线。

（三）练习方法

将练习者分成人数相等的四队，在圆内成单行站在十字线上，各自面向圈外的起跑线。各排头手持接力棒站在起跑线后。教师发令后，各队第 1 人沿圆圈按逆时针方向奔跑，各队第二人在第一人将要跑完 1 圈回到起跑线时，即站到起跑线后等待接棒。第一人将棒交给第二人后，自己站在本队队尾。依次进行，以先跑完的队为胜。

（四）规则与要求

①跑时不得跨进圆圈或踏线。

②接力棒如掉在地上，必须拾起再跑。不允许抛棒。

③超越别人时，必须从外侧（右边）绕过，不得推人、撞人。

④完成递棒后，必须迅速离开跑道，不得妨碍别人。

（五）注意事项

①跑的距离应根据学生具体情况和需要设定。

②严密组织，规定学生的跑动路线，避免相互碰撞。

③强调安全教育和保护措施。

六、反向起跑

（一）练习目的

提高反应、快速起跑能力和灵活性。

（二）场地器材

跑道或平整的场地一块。

（三）练习方法

将学生分成若干小组，每组 4 ～ 8 人。学生背对跑道蹲在起跑线后，两手扶地作好起跑的"预备"姿势。

听到发令后，迅速转身起跑，在 30 米处设有裁判员，根据先后顺序排出名次。然后将各组同名次者排在一起，再进行比赛。

（四）规则与要求

①两次抢跑者罚下，并按最后一名记。

②预备时要求全蹲，提前起动或抬臀者为犯规。

（五）注意事项

①可以变换多种起跑姿势。

②学生左右之间要有一定的间隔，避免转身时相互碰撞。

③强调安全教育和保护措施。

七、救人

（一）练习目的

发展速度、灵敏和力量。

（二）场地器材

篮球场地一处或边长 15 ～ 20 米正方形场地一处。

（三）练习方法

选出学生中的三分之一为追逐者，其他为被追逐者。篮球场以中场的圆圈或划 1.5 米为直径的圆圈为"监狱"。

教师发出口令后，追逐者将抓到的被追逐者送到"监狱"。没被抓到的人可以设法避开追逐者去营救"监狱"中的同伴，以手拍着即可。

（四）规则与要求

①追逐者用手拍到即为抓到。

②"监狱"中的人不得自行离开。

（五）注意事项

①此游戏可根据参加人数和场地的大小变换方式，如竞走、单足跳等。

②强调安全教育和保护措施。

八、抢球追跑

（一）练习目的

发展反应速度和耐力。

（二）场地器材

平整的空地 1 块，每名同学一个排球。

（三）练习方法

所有同学手拉手面向外站成一个圆圈，每人单手托住一个排球，随机选出一名同学不拿球沿圈外逆时针方向奔跑。奔跑着可随时趁持球人不备，从其手中抢球后继续跑，被抢人立即追赶抢球人。追上则继续做持球人，未追上者改为抢球人，再去抢其他学生手里的球。

（四）规则与要求

不论是抢球者还是持球者，追逐时都必须按照顺时针方向奔跑，不得离开圆圈一米以外。

（五）注意事项

①场地的大小可根据学生人数确定。

②严密组织，规定学生的跑动路线，避免相互碰撞。

③强调安全教育和保护措施。

第三节　发展力量游戏

一、动力火车

（一）练习目的

发展腿部力量和动作的协调性。

（二）场地器材

平整场地一处，间隔十五米左右画两条平行线作为起终点线。

（三）练习方法

将学生分成人数相等的两组，各组成纵队站在起跑线后，每个同学都把自己的左（右）脚伸给前面的人。前面的同学用右（左）手握住后面同学伸过来的脚，左（右）手搭在前面同学的肩上。每组的排头不伸脚，排尾不握脚，组成一列"火车"。教师发出出发口令后，全队按一个节拍向前跳动，排头走步。

以"车尾"先通过终点线的一组为胜。

（四）规则与要求

组成的"火车"如遇"翻车"或"断开"，必须在原地接好后方能前进。"火车"完整通过终点才能算成功。

（五）注意事项

①此练习应根据学生的实际条件确定跳跃距离。

②可三局两胜，左右腿动作交替进行。

③强调安全教育和保护措施。

二、胜进败退

（一）练习目的

发展下肢力量和反应速度。

（二）场地器材

在平整的场地上画两条相距三十米的平行线为起终点线。

（三）练习方法

将学生分成人数相等的两组，各组成纵队分别站在两条起点线后，彼此相对站好。教师发出口令，两组排头做蛙跳跳向对面起点线，当两人相遇后，停下来猜拳，胜者继续向前跳，负方跑回到本队队尾。负方同学跑回本方起点线后，负方对的第二名同学立即起跳，与胜者相遇时，停下来猜拳，依前进行，最后以各组所有同学先到达对方起点线的队为胜。

（四）规则与要求

①猜拳的负方必须立刻归队，不准阻挡对方前进。

②猜拳负方同学跑回到本队起点线后，负方的下一名同学才能起跳，否则判为犯规。

（五）注意事项

①游戏中的蛙跳可以改为单脚跳，侧向跳等形式。

②猜拳的方式可以自定。

③强调安全教育和保护措施。

三、赶猪

（一）练习目的

发展投掷力量。

（二）场地器材

实心球两个，在平整的场地上画两条相距十五米的平行线为起终点线

（三）练习方法

将全班学生分成人数相同的两队，各队成一路纵队，站于起点线后。游戏开始，各队第一人手持接力棒将实心球向前赶至终点线后再将球赶回交给第二名学生，依次进行，直至全队获胜。

（四）规则与要求

①不能抢跑。

②不能用接力棒敲打实心球使其滚动。

（五）注意事项

加强安全教育。

四、保龄球

（一）练习目的

发展手臂力量，提高投掷的准确性。

（二）场地器材

篮球两个、小锥桶十个，在平整的场地上画一条起掷线，线前六米处并排画两个长六十厘米、宽三十厘米的小方形。每个方形里放置五个小锥桶。

（三）练习方法

将学生分成人数相等的两组，各组成纵队站在起掷线后，分别与两个小方形对正，各组排头手持一个排球作好场地器材。教师发出口令后，各组排头将球沿地面掷出，使球滚向小方形，并设法击倒小锥桶，每击倒一个小锥桶记一分，全部击倒得五分。击倒小锥桶后，要把小锥桶重新扶起放好，并将球交给第二名同学，自己站到队尾。练习依次进行，每人掷一次，最后得分高的组为胜。

（四）规则与要求

掷球不能越线，否则该名学生的成绩判为零分。

五、组合接力练习

（一）练习目的

提高手臂力量、跳跃及快跑能力。

（二）场地器材

两个篮球，篮球场地一处。

（三）练习方法

将学生分成人数相等的两队，在篮球场的同一端线后分别站成纵队，排头各持一个球。教师发出起跑口令后，排头运球至中线，放下球，做三个俯卧撑后快跑到前场篮下，双脚跳摸篮板三次，然后快跑至中线，运球回队。后面的同学照此依次进行，全队做完为止。速度快的队为胜。

（四）规则与要求

①严格按照动作要求做，不能投机取巧。
②前后两人必须在端线以外接球。

（五）注意事项

①根据学生实际条件对俯卧撑和摸篮板的次数适当调整。
②强调安全教育和保护措施。

六、袋鼠跳

（一）练习目的

发展腿部力量。

（二）场地器材

规格统一的布袋两条，在平整的场地上画两条相距三十米的平行线为起点线。

（三）练习方法

将学生分成人数相等的两组，各组成纵队分别站在两条起点先后，彼此相对站好。比赛开始前，每组的排头将布袋从脚套到腰部，听到教师出发口令后，向对面的本队起点线前进，到达起点线后将布袋脱下给自己的队员，本队队员套好布袋后向本队对面的起点线山发。依次进行直至最后一名队员。每一队最后一名队员最先越过起点线为胜。

（四）规则与要求

①中途布袋不得脱离双腿。

②比赛过程中如有摔倒，自行爬起继续前进，但布袋必须始终套在腿上。

③整个交接过程必须在跑道端线以外进行，不能越线。

（五）注意事项

①强调安全教育和保护措施。

②注意袋子必须套好后才可以前进，前进过程中注意安全。

七、链接加速

（一）练习目的

发展腿部力量。

（二）场地器材

平整空旷的场地一处。

（三）练习方法

后边的人左手抬起前边的人的左腿，右手搭在前边的人的右肩形成链接，最后一名同学也要单脚跳步前进，不能双脚着地。练习开始时，各队从起跑线出发，跳步前进，绕过障碍物回到起点，最先回到起点的为胜。

（四）规则与要求

①练习过程中队员必须跳步前进，一直保持抬起前边的人的左腿不允许松手，以防止出现断开，队伍断开则必须重新组织好，从起点重新开始练习。如果不重新组织继续前进，则成绩视为无效。

②以各队最后一名同学通过终点线为准。

③比赛过程中，参赛队必须在规定的赛道进行比赛，不许乱道，否则判为犯规。

（五）注意事项

强调安全教育和保护措施。

八、争球

（一）练习目的

发展手指、手臂力量。

（二）场地器材

每两人一个篮球。

（三）练习方法

教师将学生分成人数相等的两队成横排面对面站立，每两人一组，伸直手臂持一个篮球。集中注意力听到教师口令后，两人立即争夺手中篮球，夺得一次为本队增加一分，比赛三次，最后统计累计得分多的队为胜。

（四）规则与要求

①持球时，两手只能握住球的两侧，手指不得连接或交叉抱球；

②争夺球时，不能屈臂和扭转。

（五）注意事项

监督学生用正确的动作进行争球。

九、头上胯下传球接力

（一）练习目的

发展腰腹力量，培养相互协作的能力。

（二）场地器材

排球或者篮球两个。

（三）练习方法

教师将全体学生分成人数相等的两组，各组成一路纵队，两队相距 2 ～ 3 米。每队排头手拿一个球，队员前后保持适当距离，两脚左右分开略宽于肩，场地器材接球和传球。练习开始，教师下达命令后，各组排头将球从头上向后传递，下一名接球的同学接到球后从胯下向后传，后面的队员依次由头上、胯下传球到排尾。排尾接到球后，抱球跑到排头前用同样的练习方法传递球，练习依次进行。让所有队员都充当排头一次，直到原排头抱球跑回自己的排头位置并举起球为止。最后，以先传完并举起球的队为胜。

（四）规则与要求

①传球时，要由头上、胯下依次手递手传递，不得抛掷球或隔人传球。
②球若落地，由持球人在原地拾起球继续按规定的练习方法传递球。

（五）注意事项

传球的方式可以变换，可以一次头上传球，一次胯下传球交替进行。

十、爬行仰卧运球接力

（一）练习目的

发展肌肉力量提高兴奋性。

（二）场地器材

实心球若干。

（三）练习方法

教师将学生分成人数相等的 3 ～ 4 组，再把每组同学分成 A、B 两组，相距二十米相对成一路纵队在起跑线后站立。练习开始，教师发出口令后，每组的 A 组排头同学把球夹在两腿中间爬行至本组 B 组同学处。把球交给 B 组排头，B 组同学再把球放在腹部用仰撑爬行至本队 A 组的下一名同学。依次进行，每组最后一名同学通过终点线在前为胜。

（四）规则与要求

①球从哪里掉下就从哪里拣起继续进行。
②必须按规定姿势进行。

（五）注意事项

①爬行距离应根据学生实际情况灵活掌握。
②练习前应充分活动肩、髋关节。

③强调安全教育和保护措施。

十一、跷跷板

（一）练习目的

发展力量，提高兴奋性。

（二）场地器材

画两条相距 10 米的直线，分别为起点线和终点线。

（三）练习方法

教师将学生分成人数相等的两组，各组成两列横队，相对站在起点线上。比赛前，一人两腿分开，一人两腿并拢，各坐在对方的双脚脚背上，同时两手相互搭肩。比赛开始，教师下达出发口令后，各小组均从起点线起模仿跷跷板动作行进到终点，以先到者为胜。

（四）规则与要求

①中途跌倒者，应在原地坐好继续做下去。
②练习时，臀部不能着地，否则判为犯规。

（五）注意事项

①距离可以根据学生条件适当调整。
②也可以在规定时间内比较每组行进距离。
③强调安全教育和保护措施。

十二、搬运接力

（一）练习目的

发展下肢和腹背力量。

（二）场地器材

平整的场地，在场地上画两条相距十五米的线，分别为起点和终点线。终点线上有两个标志桶。

（三）练习方法

教师将学生分成人数相等的两队，各队每三个人一组，两人为搬运工，一人为搬运物品。练习开始后，教师下达出发口令，搬运工负责把物品搬运到终点标志桶后交换角色后返回到起点，后面的其他队员依次进行。最先完成搬运任务的队为胜。

（四）规则与要求

①不得抢跑。

②搬运过程中，物品不得落地。如果落地，在原地搬好后继续前进。

（五）注意事项

①此练习活动量较大，练习前应充分做好准备活动。

②根据学生实际情况，适当调整搬运距离。

③强调安全教育和保护措施。

十三、背人接力

（一）练习目的

发展下肢及躯干力量。

（二）场地器材

平整场地一处。画两条相距 10 ～ 15 米的平行线、标志桶。

（三）练习方法

教师将学生分成人数相等的两队，成两列横队前后站立。教师发出"预备"口令后，后排人骑在半蹲的前排同伴的腰上，双手扶住同伴的肩膀，被骑者不得用手接触对方任何部位。教师发出"跑"的口令后，前排学生立即将同伴背到终点处放下，并反过来骑到同伴的腰上，被同伴背着迅速跑回出发点位置，最先将同伴背回出发点者为胜。

（四）规则与要求

①不许抢跑。

②中途掉下的要在原地背好后才能前行。

（五）注意事项

①距离根据学生可承受能力调整。

②强调安全教育和保护措施。

十四、推小车

（一）练习目的

发展上肢和腰部力量。

（二）场地器材

平整的场地一处。

（三）练习方法

教师将学生分成人数相等的两组，两组学生成两列横队前后站立，前面的学生两臂撑地，立在起点线上，后面的学生抬起前面学生的双腿。教师发出出发口令后，前面的学生用手爬行，交替移动两手前进到终点后两人交换位置再回到起点。

（四）规则与要求

①禁止开玩笑，注意安全。

②推车人要配合"车"的动作前进，不要用力往前推或向后拖拉。

（五）注意事项

①练习的距离根据学生可承受能力设定。

②不要求速度一致，可多组轮换。

③强调安全教育和保护措施。

十五、换球接力

（一）练习目的

提高奔跑速度、发展腿部力量。

（二）场地器材

篮球场地一处，篮球若干。

（三）练习方法

将学生分成人数相等的若干组，以篮球场的一端底线为起跑线，每组第一个人站在起跑线后并抱两个篮球。教师鸣笛后每组第一人快速抱球起跑至篮球场的中线，放下球后继续跑到另一底线后转身跑到球场中线，手推球的后部使篮球以地滚球的方式运回底线交给本组第二名同学，依此进行，本组最后一名同学先通过底线为胜。

（四）规则与要求

①球按规定放好，如果滚走应重新放好。

②中途掉球，抱起来继续比赛。

③本组队员必须在底线后接球，否则为犯规。

（五）注意事项

①各组之间的间隔距离要适当。

②强调安全教育和保护措施。

十六、天平秤

（一）练习目的

发展力量。

（二）场地器材

空地一块。

（三）练习方法

将学生分成人数相等的两组前后站立，后面一组队员两臂伸直压住前一组队员的上臂。听到"开始"的信号后，前一组队员尽力将两臂外展抬平，后一组队员则用力直臂下压前一组队员的大臂，不让对方抬起双臂。在规定的对抗时间内，看谁能压住或者抬起对方的双臂即为胜，胜者计一分。然后两组交换，最后得分高的组为胜。

（四）规则与要求

①游戏过程中双方必须伸直两臂进行对抗。

②两臂抬平即为胜者。

（五）注意事项

①对抗时间可自定。

②场地可以灵活选择。

③可采用三局两胜或五局三胜制。

④强调安全教育和保护措施。

第四节　发展耐力游戏

一、排头抓排尾

（一）练习目的

提高灵活性和奔跑能力。

（二）场地器材

平整场地一处。

（三）练习方法

将学生排成单行，后面的同学用双手抓住前面同学的腰部。

教师发出口令后，排头的人要努力去捉排尾的人，其他同学要帮助排尾不让排头抓住。

（四）规则与要求

①队伍不能断开。

②排头触到排尾时，即换人做排头和排尾，重新开始练习。

（五）注意事项

①场地要选择面积较大，地面平整而没有障碍物的场地。

②练习中适当休息。

③强调安全教育和保护措施。

二、老鹰捉小鸡

（一）练习目的

发展耐力。

（二）场地器材

平整场地一处。

（三）练习方法

将全班同学平均分成每组超过十人的若干小组，每组找出一名学生做"老鹰"。其他本组同学依次拉着前面同学的衣服尾，排头做"母鸡"，其他同学当作"小鸡"。教师发出口令后，"老鹰"开始捉"小鸡"，而"母鸡"就负责挡住"老鹰"。如果"小鸡"被"老鹰"捉到，两人进行角色互换。

（四）规则与要求

①队伍不能断开。

②当"老鹰"抓到任何一只"小鸡"时，"小鸡"和"老鹰"互换角色。

（五）注意事项

①场地必须平整。

②强调安全教育和保护措施。

三、橄榄球比赛

（一）练习目的

发展速度、体力和灵敏性。

（二）场地器材

篮球场一处，排球一个，在篮球场的两端端线各划出一块放球区。

（三）练习方法

　　和普通的橄榄球比赛一样抢球闯入对方区域内，将球放入对方的放球区。教师将学生分成人数相等的两组，练习开始时，教师将球向上抛，双方抢球。抢到球后可抱球跑动或相互传球进攻，防守者可阻挡，抢球反攻。

（四）规则与要求

①对抢球闯入者不能做出危险及粗暴行为，否则教师予以警告或令其退出比赛。

②双方抢球时，如有一方有粗暴行为，教师及时警告或令其退出比赛。

③在规定的时间内，放入对方放球区的球数多的对为胜。

④严禁用脚踢球。

（五）注意事项

①球的选择可以根据学生实际条件决定。

②强调安全教育和保护措施。

四、捕鱼

（一）练习目的

发展耐力。

（二）场地器材

篮球场半场（或划定规定区域），活动区域称为"水区"，捕鱼的同学称为"渔网"，被追逐的人称为"小鱼"。

（三）练习方法

在所有学生中选出 2～3 名手拉手组成为"渔网"，其他同学均在"水区"自由活动。教师发出游戏开始口令后，"渔网"开始"捕鱼"，必须将"鱼"牢牢圈住才算成功捕鱼。被捉到的"鱼"逐渐加入"渔网"，直到将所有的"鱼"捕尽。

（四）规则与要求

①所有的"鱼"必须在"水区"活动，跑出"水区"将视为被捕捉，自觉加入"渔网"。

②"渔网"在捕鱼过程中不能断开破网。

③"鱼"可以用各种安全的练习方法摆脱"渔网"。

（五）注意事项

①场地平整无障碍物。

②"鱼"摆脱"渔网"时要注意动作不能太粗暴。

③强调安全教育和保护措施。

五、贴人

（一）练习目的

发展耐力。

（二）场地器材

空地一块。

（三）练习方法

将学生排成一排从头到尾一、二报数，然后让数"一"的队员手拉手围成一个大圆圈，数"二"的队员紧随其后成两人一组前后站立的第二层圆圈。找出一组二人，"一"数作为攻方在圈里开始追逐在圈外作为的守方"二"数，如果攻方触碰到守方的身体，则攻守交换；在追逐过程中守方也可以适时贴到里圈任意一组"一"数的身前，这时该组的第三人作为新的守方继续游戏，直至攻守交换或有新的守方交替为止。

（四）规则与要求

守方交换时必须贴到里圈数"一"同学的身前。

（五）注意事项

①游戏时间可自定。

②人数较少时可以组成单圈进行游戏。

③严密组织，规定学生跑动路线，避免相互碰撞。

④强调安全教育和保护措施。

六、找朋友

（一）练习目的

发展耐力。

（二）场地器材

平整场地一处。

（三）练习方法

将游戏者排成一路纵队，沿规定路线场地跑动前进，当听到组织者报出一个数字后，游戏者迅速按相应的人数组成一个小组，在规定的时间里没有找到"朋友"的视为失败。

（四）规则与要求

组织者报完数字后倒数五秒为限，没找到"朋友"的同学为失败。

（五）注意事项

①游戏的时间可自定。

②组织者可以做简单的加减法。

③场地可以灵活选择。

④强调安全教育和保护措施。

七、接腰拔河

（一）练习目的

发展耐力。

（二）场地器材

空地一块，画三条中间相距一米的白线，中间的一条为中线，两侧的为胜负线，体操棍或木棍一根。

（三）练习方法

将学生分成人数相等的两组。两队排头双手共握木棍在中线两侧相对而立，其余队员在其身后并用双手搂抱住前一人的腰部，连成一路纵队。听到"开始"的信号后，各队用力向后拉，直至将对方拉过本方胜负线为胜。

（四）规则与要求

①信号开始前不能抢先发力。

②本队队员脱手、队伍摔倒为失败。

③在游戏结束前故意松手将对方摔倒的队为负。

（五）注意事项

①场地可以灵活选择。

②可采用三局两胜或五局三胜制。

③强调安全教育和保护措施。

八、夹珍珠

（一）练习目的

发展耐力。

（二）场地器材

篮球场一处，一边底线为起点线，中线为折返线并放置锥筒若干个，排球或篮球若干个。

（三）练习方法

将游戏者分成人数相等的若干个组，成纵队和对面的锥筒相对而站立在起点线后。各队排头将一个排球夹在双腿之间，听到"开始"的信号后，迅速向前跳跃，前进至折返线从锥筒后面绕过，原路返回至起点。到达后将球交给下一人继续比赛，直至全部完成，先完成的队为胜。

（四）规则与要求

①中途掉球后须在原地重新夹好球继续比赛。
②到达起点线后方可交接。

（五）注意事项

①场地、游戏的距离以及用球均可以灵活选择。
②强调安全教育和保护措施。

九、"花步跑"接力

（一）练习目的

发展耐力。

（二）场地器材

空地一块，画两条相距八米的白线，一条为起点线，一条为折返线。

（三）练习方法

学生在体前用左手碰触踢起的右脚一次，落地后换右手碰触踢起的左脚一次，紧接着在身后重复：左手碰触踢起的右脚一次，落地后换右手碰触踢起的左脚一次，这样前一前一后一后组成一次"花步跑"。将游戏者分成人数相等的若干组，成一路纵队在起点线后站好。听到"开始"的信号后，各队排头开始做"花步跑"向对面跑去，一脚踩踏折返线后即可原路返回起点处。到达后和下一人击掌交接，第二人照此进行，依次进行直至全部完成。最先完成的队为胜。

（四）规则与要求

①全程须采用"花步跑"完成。
②必须击掌交接才能开始比赛。

（五）注意事项

①先让练习者原地熟悉"花步跑"。
②强调安全教育和保护措施。

十、搬地雷

（一）练习目的

发展耐力。

（二）场地器材

篮球场一处，一边底线为起点线，中线上放实心球，另一侧底线为折返线。

（三）练习方法

将游戏者分成人数相等的若干组，成纵队与对面的实心球相对而立站在起点线后。听到"开始"的信号后，各组排头用单腿跳至中线，到达后将实心球捡起，全速跑至折返线，一脚踩踏线后即可原路返回到中线将球放下，最后用异侧单腿跳回起点线，到达后与下一人击掌交接，第二人照此进行，依次进行直至全部完成，最先完成的队为胜。

（四）规则与要求

①中途掉球后须在原地重捡起球继续比赛。
②回来时须换腿完成比赛。

（五）注意事项

①场地、游戏的距离以及用球均可以灵活选择。
②强调安全教育和保护措施。

参 考 文 献

[1] 曾正平，邓毅，刘薇薇.中学生校园体育文化及课程建设探索[M].北京：北京燕山出版社，202304.

[2] 张征超.中学田径教学与训练［M］.北京：现代出版社，2023.

[3] 徐慧颖，李凤新.中学体育教学设计［M］.西安：陕西师范大学出版总社有限公司，2022.07.

[4] 艾安丽.体育教学论评：对话与反思［M］.长春：东北师范大学出版社，2022.12.

[5] 周维纯.中学体育教学与创新研究［M］.长春：吉林人民出版社，2021.10.

[6] 邓映民.核心素养导向的中学特色体育校本课程开发与实践［M］.长沙：中南大学出版社，2021.11.

[7] 王博文，符运猛.中学体育教师教学技能评价研究［M］.青岛：中国海洋大学出版社，2021.06.

[8] 刘伟.基于学生全面发展的校园体育拓展训练研究［M］.长春：吉林出版集团股份有限公司，2021.03.

[9] 米云林.基于核心问题的中学学科课程开发与实施.高中体育、信息、艺术、心理.［M］.成都：西南交通大学出版社，2020.08

[10] 李加前.中学体育教学创新研究［M］.长春：吉林科学技术出版社，2020.09.

[11] 邱伯聪，潘春辉，钟伟宏.体育多元教学论［M］.长春：吉林人民出版社，2020.01.

［12］吴湘军.中学体育课程资源开发与利用［M］.成都：西南交通大学出版社，2019.08.

［13］赵咏，李兵.中学体育教学理论与实践创新研究［M］.延吉：延边大学出版社，2019.05.

［14］于欢.中学体育教学改革与创新研究［M］.北京：航空工业出版社，2019.01.

［15］容浩.中学体育课程内容资源开发［M］.沈阳：东北大学出版社，2019.04.

［16］蒋灵敏.中学体育教学方法创新研究［M］.延吉：延边大学出版社，2019.08.

［17］施小菊.体育微格教学［M］.厦门：厦门大学出版社，2019.08.

［18］孙存占.体育教学与健康教育［M］.南昌：江西高校出版社，2019.10.

［19］邱建华，杜国如.体育与健康教学研究［M］.南昌：江西科学技术出版社，2019.10.

［20］王坤.青少年体育锻炼习惯养成的理论与实践［M］.上海：上海交通大学出版社，2019.12.

［21］周政，黄玉霞.数字化课程环境建设与学生个性化学习［M］.上海：上海科学技术出版社，2019.04.

［22］顿继安，蔡伟.基于学生研究和知识分析的学科教学案例研究［M］.北京：华文出版社，2019.09.

［23］张天成，张福兰.中学体育教学设计［M］.成都：西南交通大学出版社，2018.11.

［24］高书怡.中学体育课程教学探索［M］.北京：现代出版社，2018.06.

［25］汪晓赞，田雷.中学体育与健康课程与教学［M］.上海：华东师范大学出版社，2018.07.

［26］董向阳 . 中学体育教育教学［M］. 成都：电子科技大学出版社，2018.04.

［27］蓝荣福 . 中学体育课堂科学组织与管理［M］. 北京：地质出版社，
2018.07.

［28］张更生 . 中学体育教学理论与方法创新［M］. 芒市：德宏民族出版社，
2018.09.

［29］兰润生 . 体育教学法［M］. 广州：中山大学出版社，2018.11.

［30］管国文，胡炳生 . 中学数学学习方法论［M］. 芜湖：安徽师范大学出版
社，2018.06.